翻译教学与翻译能力培养研究

王 伦 著

北京工业大学出版社

图书在版编目（CIP）数据

翻译教学与翻译能力培养研究 / 王伦著 . — 北京 ：
北京工业大学出版社，2022.4
ISBN 978-7-5639-8332-2

Ⅰ . ①翻… Ⅱ . ①王… Ⅲ . ①翻译－教学研究 Ⅳ .
① H059

中国版本图书馆 CIP 数据核字（2022）第 083677 号

翻译教学与翻译能力培养研究

FANYI JIAOXUE YU FANYI NENGLI PEIYANG YANJIU

著　　者：王　伦
责任编辑：李　艳
封面设计：知更壹点
出版发行：北京工业大学出版社
　　　　　（北京市朝阳区平乐园 100 号　邮编：100124）
　　　　　010-67391722（传真）　　bgdcbs@sina.com
经销单位：全国各地新华书店
承印单位：三河市腾飞印务有限公司
开　　本：710 毫米 ×1000 毫米　1/16
印　　张：11
字　　数：220 千字
版　　次：2023 年 4 月第 1 版
印　　次：2023 年 4 月第 1 次印刷
标准书号：ISBN 978-7-5639-8332-2
定　　价：72.00 元

作者简介

　　王伦，女，1989 年 4 月生，海南省东方市人，研究生毕业。现为三亚学院外国语学院公共外语教学部教师，主要从事大学英语课程教学，主要研究方向为翻译和大学英语教学。发表学术论文近 10 篇，出版《翻译与文化：语言接受性的流转》教材 1 本。

前　言

　　翻译被诠释为译者在翻译过程中的一系列心理活动。译者的心理活动影响着其在翻译过程中对译语的认识并决定了其在翻译过程中的选择。翻译能力，是集听、说、读、写等于一体的语言运用能力，是语言知识和其他知识的综合体现。翻译能力的培养除了需要汉英两种语言的修养之外，还应注重强化翻译技能训练和其他相关能力的培养。英语作为世界通用语言，随着国家间的交往日益频繁，我国对高素质翻译人才的需求将会大大增加。培养出更多符合社会需要的高素质翻译人才成为一项紧迫任务。

　　全书共七章。第一章为绪论，主要阐述了翻译的内涵和特点、翻译的要求、翻译的基本问题、翻译教学与翻译能力等内容；第二章为中西翻译的发展历程，主要阐述了中国翻译的发展历程和西方翻译的发展历程等内容；第三章为翻译教学的现状透视，主要阐述了翻译教学的影响因素和翻译教学的现状思考等内容；第四章为翻译教学的相关内容，主要阐述了翻译教学的基本理念、翻译教学的基本原则、翻译教学的意义与模式等内容；第五章为翻译教学的系统化学科建设，主要阐述了翻译教学的学科定位、翻译教学中教材编写改革、翻译教学中课程设置问题、翻译教学中专业建设问题等内容；第六章为翻译人才的培养路径，主要阐述了翻译人才的培养目标、翻译人才的培养模式、翻译人才的多元化培养路径等内容；第七章为翻译能力的培养策略，主要阐述了翻译能力培养的现状、翻译人才笔译能力培养策略、翻译人才口译能力培养策略等内容。

　　为了确保研究内容的丰富性和多样性，笔者在写作过程中参考了大量理论与研究文献，在此向涉及的专家学者们表示衷心的感谢。

　　限于笔者水平，本书难免存在一些不足，在此，恳请同行专家和读者朋友批评指正！

目　　录

第一章 绪论

随着时代的进步与发展，现代英语翻译衍生出新的含义，英语翻译在翻译标准的基础上有着不同的翻译性质与目的，这些都是现代英语翻译理论的基础。本章分为翻译的内涵和特点、翻译的要求、翻译的基本问题、翻译教学与翻译能力四部分，主要包括翻译的内涵分析、翻译的特点分析、翻译忠于原著的要求、翻译对译者的要求、翻译的理论、翻译的规范、翻译的流程、翻译的方法、智能翻译机器、翻译教学、翻译能力等内容。

第一节 翻译的内涵和特点

一、翻译的内涵

对于翻译的内涵，中外学者和翻译理论家从信息学、符号学、文化学、艺术学等角度对翻译的内涵和外延进行了深入研究，归纳起来主要有如下几个方面。

（一）翻译的信息学内涵

翻译是一种重要的信息传递方式，许多学者从信息学的视角来解释翻译的含义。在王德春看来，翻译就是将一种语言中的信息形式进行转化，然后用另外一种语言来传达它所传递的文化信息。李树辉认为，翻译是对信息进行解码和再编码的一种行为。此外，他还发现，从其他角度解读翻译的含义，如符号学、文艺学等，并没有充分地反映出翻译的本质特征，甚至存在着偏差。尽管他的看法具有一定的主观性，但从其研究的角度来看，翻译的内涵认识已经出现了多样化的倾向。

（二）翻译的符号学内涵

19世纪末20世纪初，人们把文化背景和语境看作是影响信息传播的重要因素，认为翻译是一种涉及整个人类交际体系的交流和沟通活动。许钧教授指出，翻译是一种以符号转换为手段，以意义再生为使命的跨文化交流。杨贤玉的翻译意蕴也是从翻译符号学的角度来解读的。他把翻译分为广义和狭义两种，广义上称之为"符际翻译"，它着重于"基本信息"的转化，范围非常广泛，不但涵盖了本族语言与非本族语言、方言与民族共同语、方言与方言、古语与现代语、语言与非语言（符号、数字、身体语言）间的信息转化、语言与其他交流符号的转换。狭义的翻译通常是"语际翻译"，即英汉互译、法汉互译、德英互译等。

符号学内涵的翻译从语义之间的转换升级为言语符号对象的转换，涵盖了整个人类的交际体系。但是，这一解释却是对语言学的一种扩展，它继承了语言学定义中的"转化"与"对等"的概念，并且受到了语言学的限制。

（三）翻译的文化学内涵

传统的翻译理论认为，语言分析与文本对比是翻译研究的基本任务。但是在具体的实践中，翻译也要考虑两种语言所承载的文化。翻译的文化学意义是以符号学的基本概念为依据的。在国外，对翻译的文化学内涵研究有很大影响的学者是兰伯特和罗宾斯。张今是我国著名的翻译理论家，他也是从文化交流的视角来阐述翻译内涵的。张今认为，翻译可以被视为两种语言社会之间的交流或交流手段，而翻译的目标也是推动两种语言社会政治、经济、文化等方面的发展。

从翻译的文化学视角出发，是把翻译的视角从译者的视角转移到了整体的翻译视角，把翻译作为一种跨文化的交流，突出了翻译的社会作用。

（四）翻译的艺术学内涵

翻译的艺术性实质上就是从美学的视角来研究翻译，把翻译看作是一种艺术创造。巴斯纳特、兰伯特、拉斐维尔、赫曼斯等西方文学流派的代表性人物，都把翻译看作是对原文的艺术再创作。茅盾认为文学翻译就是通过不同的语言来表达原文的艺术意蕴。王以铸这样解释翻译的定义：好的翻译不是把原文一字一句地搬来，而是把它的"神韵"表达出来。

这些对翻译内涵的诠释都是以艺术化为目标的，而这些界定也在一定程度上影响了文体学、修辞学、美学以及对翻译成果的探讨。但不难看出，一些观念也类似于译者的一些零星的体悟或总结，但它们在翻译的理解过程中起着过渡的作用，从无规则的概括到有规则的内容分析，译者也开始转向系统翻译理论。

二、翻译的特点

（一）翻译的体验性特点

翻译是一种认知活动，具有体验性。由于人类生活在基本相同的现实世界，具备相同的大脑结构，具有相似的感受力和认知力，因此在基本思维方面以及体验中存在着诸多相同之处。

（二）翻译的互动性特点

翻译是一种具有多重互动性的认知活动。其多重互动，包括"现实与主体（作者、读者、译者）、主体与源语言、主体与目标语，以及读者与作者，译者与读者之间的互动"。因此，我们在翻译过程中应该将语言、文化、认知、作者、文本、译者及读者等成分有机地结合起来。

（三）翻译的创造性特点

翻译作为一种认知活动，在认知主体——译者的参与下进行。由于译者的体验与原作者的体验并非完全相似，且在主观能动性的影响下，译者在不同的语言表达方面会存在差异，因此译文不可能完全忠实于原作者及原文，会不可避免地带有译者的主观性，也必然会具有一定的创造性。

（四）翻译的和谐性特点

翻译时需要兼顾作者、文本、读者这三个要素，倡导和谐原则翻译。语言交际的一个重要目标是实现和谐的人际互动，因此翻译应当在顺应语言交际的前提下进行，在遵守"和谐翻译"的原则下实现和谐交际，进而推动和谐社会的发展。

第二节　翻译的要求

一、翻译的本质要求——忠于原著

译者应当客观地表现原文，选择忠实解释原文所必需的、相应的译文表达手段。在翻译时要注意科学性与艺术性、可译性与不可译性、主体与客体、忠实性与创造性、原作风格与译文风格、直译与意译、形似与神似、异化与归化、等值与超越、语言与文化等；尤其是在翻译文学作品时，需要用另外一种文化语言氛围替代原文，而且要发挥译者的再创作能力。还要注意再现原文风格时的藏与露、曲与直、疏与密、淡与浓、文与质，再现原文句式或表达方式之急与缓、短与长、强与弱、行与歇、纵与横、点与面，以及翻译技巧中的增与减、顺与逆、分与合、正与反、抽象与具体、主动与被动等。语言在翻译中的作用和它在社会生活中所起的作用一样，语言也是人类交往的最重要手段。

因此，在翻译中用另外一种语言表达原作的思想时，必须使译文全面、明确、真实，必须使译文符合译语规范。对于翻译中的诸多矛盾，古今中外均有论述，但由于论者所取的立场与角度不同，或所涉及的翻译客体性质有别，或所处的语言、文化环境及时空位置不一，更重要的是，由于论者所持的世界观、认识论不同，因此往往造成对同一个问题的看法不一致，乃至相互对立、各执一词而互不相让。原作的内容同原作语言的形式有直接联系。翻译时必须突破原文和译文的语言单位在表达方面，即形式上的不同，以求得它们在内容上的一致。

二、翻译对翻译者的要求

（一）译者要有扎实的英语基础

译者对原文的理解程度决定了译者的翻译能力。要真正提升英语的阅读理解力，需要从以下三个方面着手：第一，要有充足的英语词汇，否则很难把翻译工作做好；其次，要有系统地学习英语语法，保证在语法层次上没有任何差错，第三，要多读英语原文，不断地充实自己的知识，增强对语言的领悟。

（二）译者要有扎实的汉语基础

特别是要下功夫提高自己的汉语表达能力。一般说来，一个译者汉语水平的高低，是决定其译文质量的第二大要素。不过，翻译对汉语的要求不同于对英语的要求，后者重在阅读理解，前者重在写作表达。所以，凡是想在英译汉上有所作为的人，必须通过大量阅读汉语原著，通过经常性的汉语写作训练，学会熟练驾驭和自如运用汉语。译者的译语水平主要体现为表达原作的特定内容和特定形式时的灵活变通能力，避免译出生硬牵强的"英语式汉语"。

（三）译者要具有广阔的知识面

翻译是传播文化知识的媒介，因而译者的知识结构应该是越丰富越好。译者要掌握一定的专门知识，如翻译科技著作的译者必须掌握相关的科技知识，翻译社科文章的译者必须懂得相关的社科知识，翻译文学作品的译者必须具有一定的文学素养。此外，译者还需要全面了解欧美各国的历史、地理、政治、经济、军事、外交、科学技术、风俗习惯、宗教信仰、民族心理、文化传统等方面的"百科知识"，要通晓自己国家的"百科知识"，这样才能在翻译中将知识信手拈来，而不会张冠李戴。

（四）译者要掌握合理的翻译策略

翻译家可以不过问翻译理论，但是必须有自己的翻译策略。译者的经历、学识、性格、审美等因素，都会在不知不觉中帮助他们制定出自己的翻译策略。对初学者而言，要尽量避免采用极端的翻译方法，应该采取"适中"的翻译策略，并在实践中逐渐熟悉翻译规律、方法和技巧。

（五）译者要养成认真负责、谦虚谨慎的学风

翻译是一项非常复杂、仔细的工作，需要译者付出艰辛的劳动。凡是有志于翻译工作的人，必须对这项工作倾注极大的热情，甚至要有一种情有独钟的精神，养成一丝不苟的作风，绝不允许有丝毫的懈怠和马虎。与此同时，还要虚心向翻译高手学习，吸取他们的经验和技巧，不断提高自己的翻译水平。

第三节　翻译的基本问题

一、翻译的理论基础

（一）语境翻译理论

语境，即语言环境，指能够通过言语交流来实现语言理解与使用的上下文环境，或不以言辞来体现的，反映主客观的语言环境。按照不同类型，语境分为语言语境和非语言语境，其能够高效地辅助学生相对准确地理解和把握话语中所表达的内容和含义，进而达到最终交流的目的。语境的功能包括制约功能、绝对功能以及设计功能等。现代语言学认为语境对语言的翻译方面作用和影响是不容忽视的。在日常的学习和阅读中，当信息等方面存在不同程度的欠缺时，如果直译，势必造成所理解内容失真现象，因此需要通过语境的各项功能来进行相关补充，这样对学习内容的理解就会相对深入，所得到的翻译结果也会更为精准。

语境翻译理论有利于教学目标实现。尽管大学英语翻译教学相较于英语其他内容教学存在一定差异，也无须较强的交际性，但是教师和学生之间也应该进行及时高效的互动学习，学生教学参与度提升，师生之间产生情感共鸣，学生才能够加强对外语知识的学习和掌握。大学外语翻译课程中所涉及的语境，通常都是以英语材料中的历史、文化以及宗教习俗等的产生背景来体现的，所涉及的内容对外语材料的翻译作用极其重要，引导学生学会将语境带入翻译课堂学习，既能够促进师生交流沟通，还能够通过创设新的语境环境，为学生学习营造更好的氛围环境，在这样的前提下，大学英语翻译教学的目的就能更好地实现。外语翻译教学是一项集词汇、句式、语法、逻辑及思维构建能力培养等为一体的综合性教学模式，需要教师和学生具备极强的汉语思维转换能力，这样才能充分理解不同语境的内容和情感。因此，将语境理论充分应用于大学外语翻译教学中，也能让学生获得新的知识与情感体验。

语境翻译理论有利于提高学习效率。语言掌握和学习最关键的是实现对语言使用过程的深入理解。翻译教学的教学目标和要求就是充分理解人际交往中的对话语境，同时理解个人面对不同环境时所呈现出来的语境和情感。在日常的翻译教学中，教师要学会引导学生去实现其对英语文字的理解与加工，并在此过程中准确地判断其中所蕴含的全部主旨和意义。因此，实现语境翻译理论与翻译教学的完美结合，不仅能够更全面地让学生学习和理解原译文间的关联，而且还能够加深学生对原文的理解和感悟。当然，外翻译教学中还应该充分考虑文化间的差异，教师还应该引导学生通过学习和理解不同的语境环境，充分掌握跨文化学习的精粹和技巧，并总结经验方法，以此来实现对不同文化的高度诠释。

（二）关联翻译理论

语用学研究的是话语的生成与话语的理解，也就是研究说话者利用语言和外部语境表达意义的过程，又研究听话者对说话者说出的话语的解码和推理过程。翻译则是研究译者如何解读原文、在译文中重构原文的意义。语用学能够对语言使用和交际的各个方面加以描写和解释，其各个研究领域所取得的研究成果可以为翻译研究提供科学的、微观的语用学分析方法，对于解决翻译中有关语言使用的各种问题都有所帮助，因此能够被运用到翻译研究与实践之中。因此，作为一个重要的认知语用学理论，关联理论在翻译研究和翻译实践中也会起到重要的作用。

施佩贝尔和威尔逊在提出关联理论之后，他们的学生格特根据关联理论对翻译进行了研究，于1991年出版的《翻译与关联：认知语境》一书中提出了关联翻译理论。格特总结称，翻译是两种语言之间进行的特殊形式的交际，也遵循着交际的一般规律，也就是说，翻译是在动态的语境下产生动态的推理，推理的基础就是关联。

在关联翻译理论中，翻译的实质是三个主体的两次明示——推理的交际过程中寻找最佳关联。首先是原文与译者之间的第一次明示——推理过程。在这个过程中，原文相当于说话者，译者相当于听话者，通过原文的明示和译者的推理，实现第一次交际。第二次明示——在推理过程中实现译者与读者之间的最佳关联。在这一过程中，译者相当于说话者，读者相当于听话者，通过译者的明示和读者的推理实现第二次交际。只有顺利完成两次交际过程，翻译才能够称得上是成功的。从这两次交际过程的主体可以看出，译者参与了这两次的交际，承担着重要的任务，是连接原文与读者之间的桥梁。译者要对自己给出的明示进行调整，使得该明示能与读者的认知语境达到最佳关联，需要让读者在付出一定的努力后获取和源语读者相同的语境效果。译者的责任是努力做到使源语作者的意图与目的语读者的期盼相结合，最佳关联是译者力争达到的目标，也是翻译研究的原则标准。因此，译者需要对源语作者和目的语读者双方的背景知识、认知语境等进行深刻的研究和了解，在此基础上准确传达原作品的意图。

（三）功能翻译理论

1. 功能翻译理论的产生

从 20 世纪中期开始，西方的翻译理论基本上是与语言学同步发展的。在此期间，翻译理论家不了解翻译的本质，而是倾向于从语言的角度看待翻译，而忽略了翻译还应考虑语言形式上不同文化之间的差异。这样一来，形成了以纽伯特·卡德为代表的莱比锡学派和以威尔斯为代表的萨尔派。前者立足于转换生产语法，严格区分翻译中不变的认知因素和可变的认知因素，后者则是奈达学说的追随者，主张建立翻译科学。

当学术界产生了许多关于"对等"的语言理论时，功能翻译理论应运而生，许多译者对理论与实践之间的脱节感到不满意，并继续深化该理论。德国功能翻译理论的形成大致经历了四个阶段，包括凯瑟琳·莱斯的功能翻译批评理论，汉斯·弗米尔的目的论及其延伸理论，曼塔利的翻译行为理论，诺德的功能理论以及忠诚理论。功能翻译理论打破了基于文本基础理论的翻译研究传统，使译者更加关注目标文本和目标读者，更加关注翻译的社会影响和交际功能，从而赋予翻译更多的意义。

1971 年，凯瑟琳·莱斯的著作《翻译批评的可能性和局限性》成为功能翻译理论形成的标志。莱斯长期以来一直从事翻译研究和教学活动，在本书中首次将"翻译功能理论"的概念引入翻译理论，并总结了其文字功能作为翻译批评的重要标准，而不是基于对等的传统批评标准。莱斯指出，理想的翻译应该是目标文本在概念内容、语言形式和交际功能方面与原始文本建立同等的关系，即"综合性交际翻译"。但是，即使莱斯是第一代功能翻译理论的主要倡导者，仍然在实践中很难做到这一点，并且依然必须根据实际情况进行调整。不过值得强调的是，她的这种理论观还需建立在以原文作为中心的"等值"基础之上，其实质是寻求译文与原文的功能对等。

主要著作有《翻译理论论文集》《目的与翻译委任——论文集》的汉斯·弗米尔，他不仅是莱斯的学生，而且还是功能翻译理论第一代、第二个的里程碑式人物。青出于蓝而胜于蓝，弗米尔对以文本为中心的等值论的决裂比莱斯更加彻底，他通过提出文本翻译的目的是翻译活动的首要标准，进一步打破了莱斯功能对等的束缚。翻译理论的约束发展了功能翻译理论的基础理论——翻译目的论。

从事翻译培训和翻译学的曼塔利，是功能翻译理论第一代的第三个里程碑式人物，她继续完善弗米尔的目的论。"翻译行为理论"这一概念是曼塔利发表的《翻译行为——理论和方法》这篇文章中提出来的，该理论将翻译视作受目的驱使，以翻译结果为导向的人与人之间的相互作用。此外，曼塔利将"翻译"和"翻译行为"这两个词的概念加以区分。翻译行为是一个广义的概念，指为实现信息的跨文化、跨语言转换设计的信息传递过程；而翻译是一个狭义的概念，只是一种文本形式上的跨文化转换活动，翻译是翻译行为的具体操作。她强调，在翻译实践中，应当关注这三个方面的重要作用：关注翻译过程的行为、参与者的角色和翻译过程发生的环境。自此，功能派翻译理论从译者的全新视角来诠释翻译活动，使翻译从源语的束缚中解放了出来。

在学术思想上深受莱斯和弗米尔影响的德国马格德堡理工大学应用语言学和翻译学教授诺德，他不仅是功能翻译理论第二代的拥护者，而且还是加强翻译研究国际合作的主要倡导者。在功能派学者中，诺德是第一位使用英语、通过阐述复杂的学术理论和功能主义术语来全面、系统地组织功能主义学术思想的理论家。他针对功能翻译理论的不足，将自己的思想形成独特的翻译理论，提出了功能加忠诚原则。

2. 功能翻译理论的指导原则

功能派翻译家将翻译原则分为两类：适用于所有翻译过程中的普遍原则和适用于特殊情形的特殊原则。功能派认为，目的原则和忠诚原则是贯穿所有翻译过程始终的两大支柱准则，而其他原则需视情况而定。

（1）目的原则

功能派翻译理论中最重要的理论是弗米尔的目的论。该理论摆脱了翻译理论在原文中心论的束缚，其核心概念是，整体翻译行为的目的是翻译过程的最主要因素，即结果决定方法。在翻译中，受众人员是目的论最重要的决定因素之一。他们有着自己的文化背景，对译文的期待和交际需要。每一种翻译都指向特定的受众群体，因此"翻译是在目的语情景中为某种目的及目的受众而产生的文本"。

目的原则是翻译目的论的核心原则。这个目的有三种解释：译者目的、译文的交际目的和特殊翻译目的。但通常"目的"是指译文的交际目的。此外，目的论包含两个原则：连贯性原则和忠实性原则。连贯性原则要求译文必须能让接受者理解，并在交际环境中有意义。忠实性法则即忠实于原文。忠实性原则由交际目的和译者对原文的理解决定。语际连贯和语内连贯从属于目的原则。由于连贯性原则和忠实性原则必须服从于目的原则，所以，译者应尽力使句子读起来通顺、连贯。如果翻译的目的要求译文文本再现原文文本的特色与风貌，那忠实性原则与目的原则是一致的，译者应尽最大的努力去再现原文的风格、内容及特

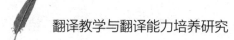

点。如果目的原则要求目标文本与原文的功能有某种程度的区别，那么忠实性原则不再适用。因此，目的原则是普遍适用的原则，而连贯性原则和忠实性原则则是特殊原则。

（2）忠诚原则

自功能翻译理论形成以来，诺德通过系统归纳功能派的各种学术思想，并总结各种批评和回应，发现目的论有两个缺陷：一种缺陷是与文化特有的翻译模式有关；另一种缺陷是由译者与原文作者之间的关系造成的。虽然翻译中存在忠实原则，但忠实原则要从属于目的原则。如果目的原则要求译文不受限制地偏离原文，译者可以按照上述三条原则的关系，无限制地脱离原文进行翻译。如果没有一个度来把控这种背离的话，翻译目的论也就失去了其存在的意义。针对这一不足，诺德进一步提出了忠诚原则作为对目的论的补充。忠诚原则要求译者在翻译行为中对翻译过程中的所有参与者负责，努力协调好各方之间的关系，也就是说，当发起者、目的语读者和原文作者三方有利益上的冲突时，译者必须进行干预，使三方达成共识。

（四）阐释学翻译理论

范司永为了更好地梳理阐释学翻译理论的演进历程，根据译者、作者、文本、读者之间的相互关系，将阐释学翻译理论划分为三个时期：创生时期、发展时期和多元化时期。创生期主要代表人物是施莱尔马赫，他在1813年《论翻译的方法》一文中阐释了翻译与理解的关系，提出了原文本、原文本作者会在不同程度上制约译者进行文本翻译的过程的观点，译者只能在翻译这一过程中做出以下选择方式：要么不打搅原作者，让读者向原作者靠拢（异化）；要么不打扰读者，让原作者接近读者（顺化）。施莱尔马赫的阐释学理论开拓了阐释学与翻译结合的新局面，突破了文本理解的"绝对论"，对其后"异化和归化译法"的提出有了重大的理论指导意义。

发展期主要代表人物有乔治·斯坦纳、海德格尔和伽达默尔。将阐释学与翻译紧密结合的当属英国翻译理论家乔治·斯坦纳。他在施莱尔马赫等人翻译观的基础上，进一步发展了基于阐释学的翻译理论，他在《通天塔之后——翻译理论面面观》一书中提出了"理解也是翻译"的观点，说明了其实译者翻译的过程也就是阐释运作的过程，还把翻译的过程细分为四个步骤，包括了信赖、侵入、吸收和补偿。

海德格尔和伽达默尔则从哲学角度去把握阐释与翻译。海德格尔提出"前理解"的概念,"前理解"是理解产生的前提和条件,它主要表现为成见或者偏见,是译者在翻译文本之前对文本本体有了自己的某种观点、看法或信息。所以翻译的过程是极富主观性的。海德格尔的学生伽达默尔继承了他的观念,在《真理与方法》一书中提出了三大阐释原则,包括"理解的历史性""视域融合"和"效果历史"。他对文本的开放性和阐释的无限性进行了独到的研究,相比斯坦纳文本阐释的特性走得更远,揭示了"方法不可穷尽真理"的客观事实,为后继研究者阐释"一本多译论"提供了理论依据,也为现代文本翻译阐释互文性的深层研究开创了新局面。

多元化时期涌现了更多的学者,如彼得·纽马克、德利尔等。中国也在这个时期开始着手阐释学翻译理论的研究。我国在80年代后期,涌现大量优秀的阐释学翻译专著,其中包括裴姬新的《从独白走向对话——哲学诠释视角下的文学翻译研究》,朱健平的《翻译:跨文化解释哲学诠释学与接受美学模式》,李静滢的《翻译的阐释学视野》以及蔡新乐、郁东占的《文学翻译的释义学原理》。

阐释学这一哲学概念为翻译研究提供了新的理论依据,阐释翻译学理论日趋成熟,为翻译研究提供了新的理论基础和研究方向,从而进一步扩大了翻译研究的层面。阐释学翻译理论随着时代的发展和研究者的不懈探索逐渐走向成熟和完善。

(五)纽马克翻译理论

彼得·纽马克是英国著名的翻译理论家和翻译教育家,在分析和总结各家各派翻译思想的基础上,他将文体论、话语分析、符号学和跨文化交际理论应用于翻译理论研究,对于翻译理论、翻译教学、翻译语言学以及翻译技巧都进行了精辟的论述,而且将理论应用于实践,是一位实践型的理论家。纽马克在著作《翻译问题探索》中指出"翻译理论来自比较语言学,而在语言学中,它主要是语义的一个方面;所有的语义问题都与翻译理论有关"。纽马克翻译理论的两大核心是语义翻译和交际翻译。奈达指出,纽马克最重要的贡献是提出了语义翻译和交际翻译的方法,并把这两种方法应用于不同类型的文本中。20世纪90年代纽马克提出"关联翻译法",是语义翻译和交际翻译方法的进一步发展和补充,也标志着纽马克翻译理论体系逐渐趋于系统。

纽马克翻译理论在西方现代翻译理论流派中也是独树一帜。在《翻译探索》一文中,作者把翻译分成语义翻译和交际翻译两种方法,从语言的形式和内容两方面探讨了翻译方法。纽马克翻译理论的核心为语义翻译和交际翻译,这也是其翻译理论中最为重要、最具特色的一部分。纽马克认为，"所有的翻译在某种程度上都既是交际翻译也是语义翻译，只是侧重点有所不同"。他认为语义翻译和交际翻译能够实现翻译的两大目的，其一为准确性，其二为经济性。简单来说，即语义翻译侧重的是原文的语义内容，而交际翻译侧重的则是读者的理论和反应。纽马克是典型的实践型翻译理论家，十分重视翻译实践，认为"翻译理论与翻译实践是紧密结合的，翻译理论是指导翻译实践的原则和方法，翻译技巧是翻译理论的一部分"。

为了避免直译和意译的冲突，纽马克提出了两个翻译理论，即语义翻译和交际翻译。"我在翻译方面仅仅提出这两种方法，这两种方法对任何文本来说都合适。在交际翻译中，翻译者用目标文本来表达和原语同样的效果；在语义翻译中，翻译者在目标文本句法结构和语义方面允许的范围内，来表现源语言的真正语境意义"；翻译的理想境界是使译作对译入语读者产生的效果与原作对源语读者产生的效果一致。"

1. 语义翻译

语义翻译指在译入语语义和句法结构允许的前提下，尽可能准确地再现原文上下文的意义。语义翻译重视原文，包括原文的形式及原作者的意图，原作者在原文文本中将其所表达的意思完整、准确地重现。语义翻译力求保留原作者的语言特色和表达方式，注重词、句的语义分析。语义翻译和直译的区别在于，直译后的译文只是将源语文本词句的基本意义翻译出来，未考虑源语用词的语境因素。因此，语义翻译并非教条死板的翻译，是有灵活性因素存在的，并且允许创造性的成分存在以保证译文的忠实与译者对原文本能的同感。纽马克认为，语义翻译重视的是原文的语言，是"试图在合乎第二语言的语义和句法结构下，将原文的准确语境意义尽可能贴切地译出"。语义翻译着眼于原文语义内容的准确再现，翻译时要将表达的内容限制在原语的文化范畴中。因此，在纽马克看来，语义翻译不受时间和地点的限制，要尽可能地再现原作者的表达方式、原语风格以及原作者思维方式。如果某一方面的背景知识是原文作者和译文读者均熟知的，那在翻译的时候，语义翻译就具有交际性。因此，语义翻译有时更倾向于超额翻译，与交际翻译相比会显得比较复杂、笨拙。

2. 交际翻译

交际翻译指译作对译文读者产生的效果尽量等同于原作对原文读者产生的效果。译者在交际翻译中有较大的自由去解释源语，调整文体、排除歧义，甚至是修正错误。交际翻译重视传译原文的信息，强调意义应优先于形式，重视效果而不重内容。在进行翻译时，译者要考虑到，读者读到的应是地道的译文，译文要流畅自然、通俗易懂。为了使译文更合乎语言规范，译者应摆脱原文形式的束缚，把一些不同于翻译表达方法的词汇、句子改成地道的译语表达方法，转换修辞手法，这样才不会使读者理解困难。通常情况下，交际翻译倾向于使用符合译语表达习惯的语言去引发译语读者的共鸣，让读者去思考、去感受、去行动。交际翻译要求源语翻译服从目标语及其文化，避免读者有晦涩难懂之感。因此，交际翻译更多时候倾向于一种欠额翻译，和语义翻译相比显得较为地道、流畅。纽马克在借鉴弗哥茨基提出的关于思维本质的观点的基础上经过整合创新，发表了自己对于源语文本的看法，他认为，源语文本一部分是以表达作者的思想为主，即与思维过程紧密相关，且思维的每一个环节都很重要。有些文本与言语关系较为密切，而言语的首要目的就是进行交际，而不在乎其思维过程，这个时候就要采用交际翻译，可见，交际翻译与语言有关。

纽马克交际翻译理论的核心是使译语对目的语读者所产生的效果与源语对源语读者所产生的效果相同。其主要特点包括以读者为中心，以翻译效果为导向。纽马克对翻译的理解是，不管采取什么方法，翻译就是把原作者在原文本中所表达出来的信息用另一种语言翻译出来。交际翻译理论适用于信息型文本和呼唤型文本，信息型与呼唤型文本都以读者为出发点和最终归宿，因此交际翻译理论也提出了以读者为中心的观点，让读者能够置身其中。纽马克认为，源语文本是对作者思维信息的传递，通过源语语言将作者抽象的思维现实化，读者可以根据具体的语言来理解作者的思想，与作者在思想上进行交际，产生共鸣，从而达到交际的目的。因此在从事翻译活动时，译者翻译的对象并不是作者抽象的思维，而是具体表达出作者思维的语言。翻译的内容必须忠实于原作，但其形式应该是以译语为导向的。

纽马克交际翻译理论指导下的译文流畅简洁，不会使读者感到一板一眼，更易使读者理解源语内容，产生思想共鸣。纽马克交际翻译理论对呼唤型文本、信息型文本的指导作用非常明显，此类文本均以读者为中心，强调信息传递的沟通效果和读者的接受程度。在翻译该类型文本时将纽马克交际翻译理论作为理论基础，在此理论基础上选取适当的翻译方法，有助于译者翻译水平的提高。

（六）格式塔意象再造理论

1. 研究概况

完形心理学作为格式塔意象再造理论基础，又称为"格式塔心理学"，20世纪初诞生于德国，是西方现代心理学主要流派之一，创始人为韦特海默，代表人物还包括科勒和考夫卡。该流派强调组织与整体，认为整体不等于且大于部分相加之和。在国外，格式塔心理学逐渐渗透至跨领域研究与应用中。阿恩海姆作为格式塔心理学著名代表人物之一，致力于将心理学视角下知觉与思维间的关系运用于艺术领域进行审美直觉研究，促进了格式塔美学的发展；而作为国际知名的翻译研究学者及教学专家玛丽·斯内尔·霍恩比于1987年在《翻译研究：综合法》一书中强调了格式塔心理学综合性原则在语言研究中日渐显著的支配地位，并肯定了格式塔心理学理论对于翻译法的重要性，为此后的翻译学研究提供了崭新的视角。

在国内，格式塔心理学与文学翻译的结合则始于1999年。众所周知文学作品不仅包含语言逻辑成分，更具美感因素，而美感的体验与再现依赖于意象转换。意象转换需建立在整体体验上，而不是机械地单一对应，由此产生的新整体称为格式塔。基于此，国内学者姜秋霞在《文学翻译中的审美过程：格式塔意象再造》一文中首次提及格式塔意象再造理论，即格式塔意象转换模式，该理论强调文学翻译是对意象进行整体转换及再现的过程。整体转换要求译者根据自身现有的知识结构和审美能力认知文本意义，建构与作者相近的审美感受，而后用译文语言进行创造性转换，如此方能给予读者良好而充分的文学体验。格式塔意象再造理论探索了译者在文学翻译过程中的心理规律与内在行为，同时成为国内基于格式塔心理学发展而来的美学翻译理论研究的开端。

2005年毛荣贵在其所著《翻译美学》中提出，格式塔理论、接受美学是与翻译美学关系极为密切的两个概念。20世纪后半叶美学研究成果广泛引入研究中，格式塔意象产生的美学效果是对文学翻译动态研究的深化与发展。作为格式塔理论最大特点的"完整与全"，和审美意象再现的内化途径具有相匹配的优越性。

在应用上，殷优娜在《文化意象空缺与翻译中格式塔意象再造》一文中论述了应用格式塔意象再造能实现更好的原文含义的传递，来补偿翻译过程中时常会碰到的两国文化意象差异所导致的空缺现象。吴晓晖则在《格式塔美学理论对于翻译教学的启示——以 Once More To The Lake 汉译为例》中，提出运用格式塔美学理论来分析进行文学翻译活动时的思维模式，强调要运用全局观来把握全文，从宏观角度来把握整体意象，从而可以看到微观之处翻译的不足之处。可见把握整体意象对文学翻译而言不可或缺。此外，还有部分研究以诗歌、小说等为对象，利用格式塔意象再造理论与不同的翻译技巧来解决文学翻译中的问题。

2. 理论阐述

格式塔这一心理术语指"分离的整体"，整体虽然由部分构成，但不等于并且大于部分之和，这不是简单的相加关系，是一种更为抽象的整体概念。格式塔心理学之所以又被称为完形心理学，是在于它主张人的知觉活动具有完整性和结构性，这两种最为主要的特性使得知觉能够把接收到的外部刺激组织成趋于完整的结果，这也是格式塔理论的核心思想。在趋于完整的组织活动中，展露整体性、闭合性、异质同构性等三个主要特点。

格式塔意象再造理论的另一重要概念便是"意象"。意象指客观事物，抑或是物象，经创作者独特情感活动而创作出的艺术形象。古诗中常有"意象"，如杨柳、长亭代表送别类意象，明月、鸿雁代表思乡类意象。意象也是人面对外物时有意识地产生的心理表象。格式塔意象则是局部许多意象有机结合而成的崭新的整体。格式塔意象再造指运用统摄观来营造、再现完整意象，最终实现语言意义与审美体验的双全，给予读者良好的阅读体验。翻译里要再现的不是一词一句意象的简单、机械相加之和，而是通过整体转换这些词句所营造出的意象，生发出一个完整综合的意象，再用译文语言建构审美感受。这是一种思维模式和心理实现行为。

该理论的生成正是穿插、结合了整体性、闭合性、异质同构性这三个原则。首先，整体性原则指的是整体不等于且大于部分之和，且整体也不是部分的简单无序相加。运用整体性原则的过程其实是运用主体的主观能动性来积极、有序地建构新的、完整的、完满的意象的过程。萨特曾经对语言、词句和意义的关系做过论述，他认为意义不是字句的总和，而是一个有机整体。在翻译视野下去理解这句话，能够发现其想表达的有关整体概念的意思与格式塔意象再造的整体观不谋而合，即在转换时，要重视整体性，不能机械地进行转换，应调动思维，调动每一个小意象，在脑中建构出一个具体和完整的，且同时保证意义和审美均在线的整体图式或模式，而这种转换模式，正是整体性所要求的。

其次是闭合性，格式塔心理学认为，人的心理存在着一种"完形压强"，即当一个不完全的形状呈现于读者眼前时，在人的心理上必然会产生一种内在的紧张感，迫使大脑皮层激烈地活动，极力改变这种形状，使之恢复为完整、和谐的形状，从而达到心理平衡。这种心理倾向被称为闭合性，它是格式塔心理学的核心内容。格式塔心理学认为，人类创造性的心理机制常常实现于格式塔的这种闭合性之中，而不完满、有空缺正是人们进行心理闭合的重要条件。闭合性是指知觉活动使不完整之物趋向于完整与协调的状态。

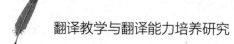

最后是异质同构性，它不仅是格式塔心理学的理论核心，同时也是其重要原则之一。所谓异质同构，是指外部事物的存在形式、人的视觉组织活动与内心情感以及视觉艺术形式之间存在相互对应的关系，若在相互作用之时在力的结构样式上达到一致，那么就能表现出情感核心和共性。简而言之，不同形式能够表达反映出同一个内涵，便是异质同构性。例如，柳树、长亭均传达出离别情感，虽然柳树和长亭的存在和表现形式不同，但他们连接同一个内核——离别之情，这也对应到了诗句中所经常出现的意象这一概念。

二、翻译的规范

在西方翻译理论中，对翻译规范开展了比较细致、深入研究的学者主要有吉恩·图里、安德鲁·切斯特曼和西奥·赫曼斯。

（一）图里的翻译规范

吉恩·图里是西方最早且较为系统地阐述了翻译规范理论的人，图里是以色列特拉维夫大学的教授，主要研究方向为诗学、比较文学和翻译理论，基于多元系统理论框架，尝试研究翻译中文化制约规范。他对翻译规范的研究主要体现在其两本著作中，即《翻译理论探索》和《描述翻译学及其他》。

1.本质

规范是任何活动关系中的一个重要的概念，正是因为规范的广泛存在，才确保了社会秩序的确立和稳定。图里认为，翻译活动应该被视作具有重要的文化意义，译者首先要能够扮演社会的角色，实现整个社群分配给翻译活动的功能，用一套规范来控制限制翻译活动的各种因素。图里将翻译研究引入社会学的视野中，规范往往是在个人的社交性中习得的，通常意味着一种牵制，不管是实际的还是潜在的，消极的还是积极的。在社群内，规范通常也可以是一种标准，能够起到对行为活动的评价和衡量的作用。在社会学中，协议、商讨、传统、行为惯常等都是最基本的概念，体现了人与人之间的社交性以及规范最初建立的源头。传统既是一种手段，也是一种寻求秩序和稳定的结果，但是，这种传统往往也是模糊的，并非清晰的，规范就是对传统的一种具体化。

图里对规范的定义是，规范一直被认为是社群所共有的，在具体的情况下适合和适用的行为指令。这种指令限定了什么是规定的，什么是禁止的，以及在某种行为范围内什么是受宽容和允许的。与传统规范不一样，翻译的规范中包含了制裁，不管是潜在的还是实际的，这些制裁要么是消极的，甚至是惩罚性的，要么是肯定的和奖励性的。规范可以视作是对行为及其有形的结果的一种评判的尺度。规范是需要在众多可供选择的事物中做出选择，这种选择不是随机的，即要能从重复出现的情况中发现规律性。

翻译活动既是两种语言之间的转换，也是两种文化之间的交流，至少涉及两种语言和两种文化的传统，在两个层面上都会有两种规范系统，因此，翻译的价值也可以被认为是包含两种主要的元素：①在源语的语言或文化中产生的目标文本，能够在目标语的文化中占有一定的位置或者填补一定的空缺；②译语是构成源语的文本在目标语文化中的表述，能够占据确定的位置。这两种要求往往被定义为可接受性与合适性。翻译活动中涉及的两种文化通常是相似的，但是并不是完全统一的，这就导致可接受性和合适性之间通常是不兼容的，需要一种折中的办法来使二者融合。如果没有规范的调节，两种语言之间的矛盾将完全由译者个人来调和，没有合理把控的尺度，这也必然会导致过度的自由。但是，文化系统中的翻译行为都会呈现出一定的规律性，这种规律性也是翻译活动中，通过大量的重复性工作、大量的文本总结出来的。

2. 分类

图里所提倡的描述翻译学认为，翻译过程是由社会文化的规范、目的语文本的构成惯例等因素所决定的，翻译过程既涉及横向的因素，如译者的决策、翻译方法的选择，又牵涉纵向的因素，如翻译的社会文化因素。在实际的翻译过程中，译者通常受到预备规范、起始规范和操作规范的三重制约。图里首先谈到的是初始规范。译者在翻译之前都需要在可接受性与合适性之间做出选择，选择前者就意味着要接近目的语文本的规范，选择后者就意味着必须按照源语文本的规范，尽量使目的语文本贴近和反映源语文本，初始规范的作用首先可以作为一种解释性的工具，在可接受性和合适性之间进行选择，即可以看作是一种宏观层面的倾向，也可以是微观层面的决策。

规范不仅可以影响各种类型的翻译，而且也可以在行为的每一阶段产生影响。从翻译的整个过程来看，翻译规范就可以形成一幅全景的图片，规范所控制的翻译行为就呈现出来，大致可以分为预备规范、元规范和操作规范。

预备规范包括宏观性层面的两大考虑，一个是关于翻译政策，另一个是关于翻译的直接性的程度。翻译政策指的是在具体的时间段内，被引入一种特定的文化或语言的过程中，那些控制文本类型，甚至是个性文本的选择的因素。不同的历史时期，翻译的政策是不一样的，中国的历史上曾出现过三大翻译高潮，以佛经翻译、科学翻译、西学翻译为主线，跨越东汉至宋代、明末清初以及鸦片战争之后，不可否认，不同时代的翻译活动都打上了时代的烙印，受到当时的历史文化情境的影响，也直接受到当时翻译的政策的影响。翻译的直接性的程度指的是对其他语言翻译的容忍度的界限，比如，间接翻译是否被允许？从何种语言、文本、时间来翻译是被允许、偏好、禁止、容忍的？什么是被允许、禁止、容忍、偏好的中介语，为什么要给予他们这样的地位？有没有一种被忽视、隐藏，甚至被否定的倾向？如果事实被提及，有没有倾向、义务标记翻译是一种中介语，或者明确中介语的这种身份？等等类似的问题。

操作性规范可以被视作是翻译活动过程中指引决策的行为，是一种微观层面的指导，影响文本的构成，即语言材料的分布方式，直接或者间接地控制着源语文本和目的语文本之间的关系。操作性规范具体包括整体性规范和语篇及语言规范，会影响译者选择的因素。

整体性规范会控制目标语言材料的存在，可以作为源语材料相应的代替（也被称作是翻译的完整程度），在文本中的位置（或者是实际的分布）以及语篇的划分。易言之，翻译中的省略、添加、位置的变化以及对分割的控制等，都受到规范的控制。当然，整体性规范的界限并不是分明的，彼此之间也都会相互影响。语篇及语言规范反过来也会控制选择材料来形成目标文本，或者是替换源语语篇和语言材料。语篇及语言规范可以是普遍的，适用于所有的翻译，也可以是特别的，和某种特定的文本类型或者翻译模式相关。

很明显，相较于操作规范，预备规范具有逻辑和时间上的优先权，译者在翻译之前都需要考虑翻译什么和如何翻译，这并不是说两者之间并不存在关系，相反，两者是相互影响，甚至是双向调节的关系。操作性规范可以构成一种模式，在这种模式之下翻译才真正形成，这种模式牵涉到由源语文本形成的规范，以及特定的修改，或者是纯粹的目标规范，又或者是两者之间的专门的折中。

3. 描写性

图里对"什么是翻译"的回答摒弃了其规定性，侧重翻译事实的"实然性"描写。在他看来，翻译始终是一个目的语语境中的事件，因此翻译是"一切在目的语系统中被认为是以翻译方式呈现的东西"。事实上，不同时期、不同社会文化背景之下，人们对翻译的界定并不相同。整体来看，翻译规范所关注的对象是"译者们（包括那些自称为译者的人）的行为以及他们行为的最终结果（那些成为译文或者被当作译文接受的东西）"。那么，从译者行为结果的角度来看，翻译规范首先就是特定时期、特定社会文化语境下人们对翻译所形成的基本观念及价值认同。在目的语语境中，什么样的东西是翻译，或具备什么特点的行为结果可被当成翻译对待，所体现的是当时特定的观念和价值判断。需要指出的是，不同于以往规定性界定，这里的观念和价值判断，并不是唯一的、确定的，而是随不同社会文化语境而变化，即便是同一时期，翻译规范也存在多样性，呈现多元规范并存的局面，即图里所说的先前规范、主流规范与新规范的并存及彼此更替。

此外，翻译规范主要与译者行为相关。翻译规范被看成是译者行为的制约因素，翻译则是"规范制约的活动"。描写翻译研究的目的是突破传统规定性研究的缺陷，通过对具体翻译实践的描写，建立起普遍的描写法则，为实践过程提供解释框架。需要指出的是，翻译普遍法则的建立，不是在走规定性的老路——追求一个永恒的法则，而是对实际翻译行为的尝试性解释和分析。图里曾专门强调，"'法则'在这里可简单地看成是'可观察到的规律'。这些法则完全是描写性的，是对实际翻译行为的经验性解释。他们符合下面的形式：在条件 ABC 下，译者倾向于做（或者不做）——X。这样的法则就是我所说的普遍性描写法则"。这里图里所提到的"可观察到的规律"就是翻译规范的外在表现活动，但它并不是规范本身。对翻译规范的发掘必须从这些可观察到的规律中去提炼。根据对翻译过程的经验性描写可看到，"就实际翻译实践而言，正是对规范的适应才产生了规范制约的行为。这些行为导致了规律性在表层的生成。因此，任何学术活动中对规范的追寻必须走相反的路径"。这里图里给出了确定翻译规范的方法与路径，即基于规律和规范的关系，我们必须通过对翻译活动中蕴含在译者行为中的规律进行充分的描写，才能从中提取出潜在制约翻译行为的翻译规范。从这个层面来讲，至少就翻译规范的描写和探寻而言，完全是描写性的，必须基于对翻译实践以及可观察到的规律的充分描写，才能重构某个时期的翻译规范。

翻译规范在描写重构之后，其功能是以什么样的方式体现的呢？是不是就具有了规定性？实际上，描写翻译学视角下的规范并不是决定性的、规定性的概念。正如描写性法则一样，图里认为，除非在一个文化内它们被当作具有约束力的规范加以接受，它们本身并没有强迫任何人。由此可见，如果人们愿意将翻译规范作为规定性概念来接受，那么翻译规范就会产生规定性的效果，从而指导翻译实践。但这涉及人们对规范的接受和应用，并不是翻译规范本身的规定性。事实上，在图里看来，翻译规范可以是（对可观察到的行为或者行为结果的）解释性假设，有助于对翻译实践的描写、解释和预测。"规范的描写性通常意味着从人们实际实践所提供的证据中得出推论，也就是我们想要说明在一个已知的行为领域中，翻译可能是什么样子。"具体到译者行为，即通过规范描写所建立起的描写法则，强调的是翻译事件中译者行为的概率，基本的判断模型是"若 X，则（则不可能）Y"。比如，在特定情况 X 下，存在翻译规范 Y，相应的译者行为是（或者最不可能的行为是）A。那么，我们只是可以预测和分析，如果具备了 X 的条件，译者在面对 Y 的情况下，更加可能（或者更加不可能）采取 A 这样的行为，但未必是译者只能采取 A 的行为。他也有可能遵循了其他的边缘规范，这样的判断属于概率性预测，不含机械决定论的倾向。

（二）切斯特曼的翻译规范

安德鲁·切斯特曼基于图里的规范研究，进一步拓展了翻译规范的内容，提出了自己的一整套理论，切斯特曼是英国人，在芬兰赫尔辛基大学任教。他对翻译规范的理论进行了补充性的研究，思想主要体现在其代表作《翻译模因论——翻译理论中的思想传播》之中。

1. 定义

翻译研究中，规范理论已经被习惯性地分成规定性和描述性两大类，两者似乎并不容易区分，还导致了一些争议。但是，切斯特曼对翻译规范的研究是描述性研究，在他看来，翻译研究如果是真正科学的，也必定是描述性的。翻译活动中的规范与翻译研究中的规范是两个层面的问题，前者是指规范的社会存在，而后者是对这种社会存在的一种客观、中立的描述。在彻斯特曼的理论中，文化基因和规范的关系非常紧密。在切斯特曼看来，规范就是一种文化基因，当一种文化基因由于实际的、政治的、文化的、审美的等原因，成为一种社会主导时，与其竞争的基因便开始退却，这种文化基因就成为一种规范。在特定的历史时期占据主导的文化基因也就是规范。切斯特曼借鉴了美国语言学家瑞纳特·巴奇对规范的定义，即"规范是由一系列正确观念所构成的社会存在"，而不是"上级向下级发布的规定和命令。"在特定的社群里，人们不可避免都会拥有对特定行为"正确性"的共同看法，在某种意义上，行为是否正确还涉及意见一致的程度。作为一种"社会存在"，规范都是以主体性而存在，个体有个体对规范的认知，但是，规范通常都是由他们的社会存在被人们认识。

2. 分类

切斯特曼所讨论的翻译规范内容与图里的操作规范和初始规范有着相通之处，但是，却是从不同的角度来分析的，甚至范围更加广泛。切斯特曼借用语言学中规范的分类来探讨翻译规范，语言学中将规范分为三种，即产品规范、传意规范和伦理规范。产品规范是描述特定的语言社群中语音、形态、句法、语义、和词汇等的正确性概念，这里的"正确"是指由社群中大多数成员所接受的正确，这里的规范也成为语言学研究的主要对象。传意规范要求说话人要以他人能够理解其意图的方式来沟通，并以符合说话人意图的方式解释，也就是要保持理性，行为要能足够达成目标，目标是要达成理解。伦理规范是指诚实、真诚的规范，无论是说话者还是听者，在说话传意时必须遵守传意或者互动规范，而不应该违反这种规范。如果确要违反就让听者能够意识到你在违反，这有些类似格莱斯合作原则中的质量准则，不遵守这种规范必将会让传意限于危险之地。伦理规范既是传意规范的一种更严格的保障，也是延伸。

基于此，切斯特曼将翻译规范分为产品规范和专业规范，产品规范最终是由目标语读者的期望所构成的，因此也被称为期望规范。期望规范是由目标语中的流行的翻译传统和平行文本所决定的，也可能受到经济或意识形态因素的影响。专业规范，也就是翻译的过程翻译，涉及翻译的过程本身，也起到对翻译过程的指示、控制和示范作用。

3. 一般性翻译法则与规范性法则

切斯特曼还区别了一般性翻译法则和规范性法则，讨论了专业规范（翻译行为）和行为法则（翻译过程）的差别。图里在此之前已经在多种场合下讨论过翻译理论的最终目标是要建立翻译行为的法则。翻译理论的目的是要最终建立翻译行为的法则，而法则可以被看作是"可以观察的行为规律"，这种翻译法则是纯粹描述性的，是概率性的，而非决定性的，有着一般的形式：在条件 X 下，译者一般做或者不做 Y。假定条件 X 可以确定的话，这种对翻译行为的一般描述性法则就可以在许多不同程度的概括性情况下建立起来。彻斯特曼提出了两条著名的法则：①干扰法则，指的是译者通常在各种方式上受到源语文本语言的影响。②明晰法则，指的是译者倾向于生产出比原文本更加明晰、晓畅的文本。

规范是迈向翻译法则的重要一环，规范是随着社会环境的变迁而变化的，不同的时代其翻译规范是不同的，不同的文化环境翻译规范也是不同的，但是，翻译法则是相对稳定的，通过观察翻译行为所总结出来的翻译规范具有更广泛的适用性，翻译法则相对稳定，并不会随着时间的变化而变化。翻译的规范性法则可以在不同的翻译规范下分类和形成，毕竟规范性法则描述的是和翻译规范相一致的行为。切斯特曼依据译者的行为，还总结出了四条专门适用于译者的规范性法则：①专业译者倾向于遵守期望规范；②专业译者倾向于遵守责任规范；③专业译者倾向于遵守传意规范；④专业译者倾向于遵守关系规范。切斯特曼比较重视翻译规范在实践中所起到的作用，翻译规范可以用来解释译者的翻译决策、翻译

作品的评价以及指导翻译教学和培训等，切斯特曼为翻译规范理论构建了一个较为系统的研究路径。

（三）赫曼斯的翻译规范

西奥·赫曼斯是英国伦敦大学学院荷兰语与比较文学系教授，是操纵学派的代表，其理论倡导描写性和系统性，重视翻译的功能和规范，其主要思想体现在《文学操纵》和《翻译研究体系：描述与系统理论解说》中。

1. 概述

赫曼斯对翻译规范的讨论并没有系统性，而是分散于其著作《翻译研究体系》中的第六章，他在该书中对过去 30 年描述翻译研究和规范研究做了概述和评价，通过追溯描述和系统理论的起源与发展，比较了各家各派的异同与特点，提出了自己的见解。赫曼斯认为，规范的概念在描述翻译学研究中既是一种关键性概念，也是一种便利的工具，将规范引入翻译研究，涉及将翻译看作是一种社会行为，在经验上有其根源。赫曼斯从列维的"翻译作为一种决策过程"说起，他认为列维所关注的范围是两个极端，一种是完全可预测的，比如，严格的语法范畴限制的决策，另一种是完全不可预测的，完全是无端的一次性的决策，这就使得翻译决策更加注重译者的力量和责任，列维的思想理论还是沿着结构主义的路线。

赫曼斯认为，图里在翻译过程中引入了规范的概念，并设计出了对其进行识别和归类的特定方式，这种方式是以行为主义的方式进行的。这就需要上升至社会文化的限制层面来解释译者的偏好，这些限制被图里称作是规范，也被看作是"行为指示"，规范是运转在能力和行为之间的一种中间状态。赫曼斯指出，在图里提出的标准分类中，最大的问题在于，在最初的规范中，所提及的完全相反的选项"可接受性"和"合适性"。"合适"指的是在目的语与源语之间建立一种文本关系，然而，重构这种文本关系，归根结底是一种理想乌托邦。确认语篇关系本身就是一种对文本进行某种特殊解读的社会化进程。另外，"可接受性"和"合适性"这两个概念都是模糊的。翻译标准没有在源语和目的语这两个极端之间进行选择。

赫曼斯认为，切斯特曼的讨论涵盖了翻译的社会、伦理和技术规范，并将翻译规范分类为产品和过程规范，或者预期规范和职业规范，职业规范又分为责任规范、传意规范和关系规范。表面上看，所涵盖的范围要比图里的过程规范宽泛很多。但是，切斯特曼也提出了质疑，这些分类真的更进一步吗？责任规范、传意规范适合于任何形式的沟通，而关系规范又让我们回到了"什么是翻译"的思考。切斯特曼提出，要求的关系必须是"关联相似性"，这种要求其实就是预期规范的一部分，具备了读者对翻译的期望。在他看来，诺德的分类更加清晰，诺德提到了构成性规范和规则性规范，前者决定了特定的文化社群所接受的翻译、对翻译的界定（与改编或其他形式的跨文化文本的版本相对），这些构成性规范合在一起就构成了在特定文化社群所流行的翻译的一般概念，或者是翻译的使用者从文本中所期望的翻译。内嵌于构成性传统中的就是规则性规范，通常是管理在文本层面处理特定翻译问题的形式。诺德的分类略显简单，所包含的范围似乎也更为宽泛，在某种程度上，切斯特曼的分类与诺德的分类是相似的，相较于图里的分类而言是进步的，除了译者的视角，带来了其他观察翻译的角度。

2. 主要特征

切斯特曼认为，图里系统地强调突出了翻译规范的角色，但是并没有进一步探究规范概念的理论方面，图里是从译者的角度来看待翻译的诸多问题的。与译者的意图相对，将规范放在更大的语境中，会让我们确定其规则性的一面，以便平衡翻译机构的限制。规范概念本身就具有跨学科的性质，广泛应用于社会科学中。

切斯特曼对规范的定义颇具灵活性，在他看来，规范指的是行为中的规律性，既是一种反复出现的模式，也是解释这种规律性的潜在的机制。首先，规范具有样板的作用，对特定问题可以提供现成的解决方案。其次，规范也具有调节作用，可以调节个人与集体之间，个人的意图、选择和行动，共同拥有的信仰、价值观和偏好之间的关系。再次，规范具有一定的约束力，规范暗示着一定程度上的社会和心理压力，通过排除特定的选择，作为行为的一种限制，在原则上是可以获得的。最后，规范不仅是行为的规律性，对个人产生特定程度的压力，还是一套偏向性选择的期待，又称作"期待的预期"。

3. 如何进行翻译规范研究

赫曼斯认为在文本中寻找规律性以及通过阅读文本作为译者选择和决策的结果，这并不能告诉我们为什么会做出这些决策。也正如图里所论述的，研究规范的重要依据仍然是文本本身，其次是副文本、元文本、额外的文本数据等。副文本是译者序、注释等，元文本是独立发表但是针对其他文本的文本，其中包括译者、编辑、出版商、读者和集体（如译者协会）所做的论述和评论，对翻译所做的评论和表扬，以及其他可接受的文件，理论和实际的评论。但是，赫曼斯认为翻译规范研究并不止这些，可以从四个方面着手：①经典化案例和边界案例。经典化案例包括教科书中推荐的翻译作品，以及那些被重印、收入选集、授予奖励，或者被挑选出来表扬的翻译作品，这些案例有可能具备在特定的时间内被某一团体或组织认为是"合适"或者"正确"的翻译。边界案例指的是那些具有争议的翻译作品，通常凸显了翻译中的构成性传统，也被认为是区别翻译和相近的文本如改写、仿写和改编等的标准。②选择与排除。言语行为理论认为，一段话语的意义并不只是单词使用的语义问题，而是一种施为行为，特定的言语都是在特定的时刻、特定的场合出现的。选择一种文本进行翻译，实际是对翻译行为模式和翻译所做出的回应，在一定的背景下具备重要的意义，通过聚焦那些具有选择性或者刻意回避的言语，揭示其背后的宗教、哲学和教育的标准和意义。③基本态度。赫曼斯借用罗宾斯的观点，认为接受者文化一般有四种态度：和睦态度，一种文化与另一种文化兼容，并不把翻译看作是焦虑和警惕；补足态度，一种文化认为自己缺乏一些东西，并认为可以从其他文化中可以获得并引入；防御态度，一种文化因担心其身份会受到威胁，为防御引入而尽力限制其影响；帝国主义态度，一种文化只允许可以被归化的文化引入，并将自己的文化视作理所当然。④符码及注意点，翻译实践并不完全和理论同步，总体上，越是频繁强调译者应该怎么做，往往越是有可能不这样，这也就需要分辨清楚内部诗学和外部诗学。外部诗学是研究者基于文学评论等构建的观念，内部诗学是研究者基于最基本的文本并试图弄清楚其原则，也就是翻译的本身。

赫曼斯对待翻译规范的研究视野也更加宽广，从社会系统理论的角度来看待翻译的规范，使之成为翻译研究的工具和元理论。他借鉴了社会学家尼克拉斯·卢曼和布迪厄的核心概念，去探索不同层面的相互交叉的规则、规范和惯例，并且提出了价值、等级、权力关系等因素，并将翻译的规范研究引入了操纵学派理论的建构。

总之，作为描述翻译学中一个重要的概念，翻译规范也是在翻译实践的基础上，对翻译经验的一种总结，从西方翻译理论对规范的阐释中，我们可以看出两大特征：其一，将翻译规范理论研究纳入社会学领域，从关注语言文本到关注社会关系，即从语言内转向语言外，无论是文化还是社会，都可以说是翻译研究领域的最大跨越；其二，西方翻译规范的分类较为细致，内容不断地丰富，彼此之间也呈现出一定的逻辑关系，但是，也有一些规范的分类存在重复之处，还有一些规范阐述不够透彻，比如，对伦理规范的讨论也仅限于译者的责任范畴，对更广阔的社会、文化背景影响的谈及较少，而且对规范的分类也还存在不够系统和完整的缺憾，翻译规范研究不应该是无限扩散，而应该朝着综合、完整和系统的角度发展，这些缺憾同时也给我们对翻译规范的研究提供了更广阔的空间。

三、翻译的流程

（一）译前的准备

好的开端是成功的一半，翻译作为一项较为复杂的实践活动，其前期准备和过程是同样重要的。在这一阶段，主要进行的工作是对实践文本的选取、翻译计划的制定、参考文献及工具书的选择以及相关翻译理论的准备。

1.进行文本分析

翻译前的文本分析应该说是翻译的第一步工作，要分析文本的体裁，例如，对于纪实文学进行分析，纪实文学是指借助个人体验方式（亲历、采访等）或使用历史文献（日记、书信、档案、新闻报道等），以非虚构的方式反映现实生活或历史中的真实人物与真实事件的文学作品，包括报告文学、历史纪实、回忆录、传记等多种文体。纪实文学存在的目的是希望通过精妙的语言、独特的叙述方式以及丰富的故事情节将大量事实在作品中重现，因而纪实文学既具有实用性，又具有审美性。故在翻译时需考虑其社会性、文化性、文学性和简洁性，将源语文本中的语言文字和社交因素合理地体现在译文中。

再例如，对于经济文本进行分析，经济文本是非文学翻译中的一部分，经济文本翻译的主要目的是向目的语读者准确传达原文本想要表达的真实含义。非文学文本的翻译就需要译者可以做到透彻地理解原文，并且以目的语读者可以完全理解与接收的话语去表达原文本的意思。

2.了解文本作者

对于作者，需要弄清楚他的简略生平、生活时代、政治态度、社会背景、创作意图、个人风格等。比如，若要翻译一名作家的一篇小说，为了获得有关作者的一些基本信息，可以阅读作者自己的传记、回忆录，或者别人写的评传，或者研读文学史、百科全书、知识词典等。

3.了解背景知识

背景知识是与作品的创作、传播及与作品内容有关的知识；超语言知识按语言学的定义指交际的环境、文章描述的环境及交际的参加者等。两个概念的外延合起来大约涵盖了前辈翻译家说的"杂学"。

掌握背景知识对语言、逻辑、艺术和主题分析等都具有十分重要的意义。我们知道，任何一部作品都是一定历史条件的产物，所以有关作品反映的年代以及有关国家、人民的文化、社会、宗教、政治、历史、地理、风俗等也要略知

一二，这时可以浏览一些关于概况、游记的书籍和期刊。如人民出版社的《各国概况》及《英美概况》，河南教育出版社的《国际时事辞典》，商务印书馆的《外语工作者百科知识词典》。

4. 了解创作手法

为了准确地了解作者，至少应该阅读作者的代表作，从中体会作者的思想倾向、创作手法、表述特点等，也要选读作者的其他某些作品，这样对作者的理解就会深刻一些。

5. 了解语言风格

作者的语言风格也是十分重要的，译者可以试读若干段落，琢磨语篇的语体修辞特点和行文的词汇语句特色，初步接触作者运笔表意的特异之处，对自己翻译时驾驭译语的语言会有较大的参考价值。

（二）计划的制订

制订翻译计划有助于译者把控翻译实践的进度，对翻译任务的顺利进行更加有保障。

首先，在确定翻译实践文本之后进行试译，并将该过程中遇到的翻译重难点及问题进行总结，确定实践报告的主题。在经过审核之后，根据相关意见进行修改并完成开题报告的撰写。继续熟悉原文本，在对文本有了进一步的理解后查阅相关资料，充实相关背景知识，规范术语表达，为下一阶段做好准备。

其次，是对所选取文本进行初译，每日制定翻译计划，在规定时间内完成计划的翻译量。在初译的过程中，为了更好地提升翻译质量，可以准备相关领域的书籍以及平行文本，以提升相关领域的知识储备。

最后，对自己的译文进行适当修改和校对，之后再提交。对译文中存在的问题与错误进行标记并修改，将在翻译过程中遇到的重要问题进行分类，构建实践报告的主题框架。在此之后对译文进行进一步修饰及润色，并开始着手于实践报告的撰写。

（三）工具的准备

"工欲善其事，必先利其器"。在翻译工作之前，必须先做好充分且详细的译前准备。对于译者来说，准备好翻译工具不可或缺。翻译工具能够帮助译者解决很多翻译过程中的困难。

对于专业类的翻译，要准备行业领域内相关的书籍作为平行文本，补充相关方面的知识理论；查阅相关专业方面相关的书籍和网站，以便对要翻译的文章有更好的了解。

在翻译过程中，工具书是不可或缺的。在翻译实践过程中可以借助词典，还可以参考网络词典的解释，这样可以了解更多的释义和例句，可以想到更多的翻译选择。针对翻译理论知识可以选取《翻译学导论：理论与应用》《翻译学导论》《翻译的基本知识》《笔译理论与技巧》《翻译技能与技巧》等翻译专业书籍，从中借鉴翻译家们总结的翻译策略和翻译技巧。

译者还可以浏览百度百科、维基百科、中国知网等相关网站，对专业术语和相关知识进行专门学习，以提高译文的准确度。借助网络资源解决问题，为翻译实践提供帮助。

译者还可以查阅相关翻译理论书籍，主要有芒迪的《翻译学导论：理论与实践》、李长栓的《非文学翻译理论与实践》，还有《非文学翻译理论与实践》《高级英汉翻译理论与实践》《新编当代翻译理论》等翻译理论经典书籍，通过阅读这些翻译理论书籍，译者可以更深刻、更透彻地理解翻译理论和技巧，这些都会对接下来的翻译实践起到很好的指导作用。

（四）翻译的过程

1. 阅读

阅读是从文字中获得知识的一种方法，获得的知识并不等于我们理解了知识，因此要留意区分阅读与理解。在英语测验中，有一种题目叫做"阅读理解"，而非"阅读"。我们要知道，在译文之前，译者的阅读与一般的阅读是不同的。我们在获得被译文献时，应先把被译的文献全部读完，然后再加以分析，理解其内容和本质。只有对所翻译的文献内容有深刻的认识，才能准确地掌握宏观语境，在较大的语境背景下准确地理解每一句话的含义。

2. 理解

在翻译过程中，理解与阅读是不同的，读者在阅读时，会受到自己能力的限制，对原文的理解力会有所偏差。我们身为翻译工作者，却要对原作的思想进行深入的了解，如果我们对原作的理解有一点点的偏离，就会造成实际翻译工作中的失误，甚至出现错误的翻译。所以，理解原文很重要。

（1）准确透彻地理解

理解是翻译活动的根本，如果没有准确透彻地了解原文，就无法达到翻译的目的。不管是英语或汉语，每一篇文章都有一个概括性的概念。因此，要理解原文，首先要阅读全文，了解全文的主旨和语篇结构，不要一看就一句一句地翻译。在掌握了文章的基本知识后，重点是对那些难度较大的句子和段落进行分析，这需要认真分析词义，分析语法，明晰各个部分的联系。正确的认识不能只停留在表象上，而是要从表象中把握事物的实质。一门语言为了传达某种想法，总是要使用一些词语，采取一些表现方式，并通过它们来传达某种想法。理解不能只停留在字面上，有些事物表面上看起来一样，其实意义不同。如果译者不能理解其中的意思，不能理解原文中所暗含的意思，不能理解原文作者所要表达的弦外之音，那么读者就更无法准确地懂得译文的真正意思。

（2）依靠上下文进行理解

认真阅读上下文，才能在一定的语言环境中理解得深刻透彻。从语言学的观点看，孤立的一个单词、短语或句子看不出它是什么意思，我们必须把它放在具体的语言环境中，有一定的上下文才能确定它的正确意义。理解主要通过对原文的上下文来进行，译者必须从上下文的关系中来探求正确的译法，所谓上下文可以是指一个句子、一个段落，也可以是指一节、一章乃至全文或全书。对原文作透彻的理解是准确翻译的基础和关键。为了透彻理解原文，必须注意理解所译原文的语言现象（词汇的含义、句法结构和惯用法），理解原文与上下文的逻辑关系以及理解原文所涉及的事物及其背景。

（3）依靠广博的知识加深理解

人类的所有行为都会受到其历史环境的影响和限制，因此，人们不会用一种空洞的思维方式来理解任何事情，而应该通过自己的思维和知识来主动地参与。所以，翻译工作者要全面地了解原文，就必须掌握大量的知识，也就是所谓的"杂学"。从天文地理，到各个国家的风俗习惯，他都要看一遍。在实际的翻译中，如果碰到名人名言、成语、风俗习惯、典章、文物、文坛轶事、艺坛典故、机械器皿、动物植物等知识，都要仔细地学习，仔细地去查考，一定要弄清楚，才能翻译好。

3. 表达

在对原文进行阅读和理解之后，接下来要做的就是表达。在此要澄清一个事实，理解正确并不代表能够正确地表达出来，但是正确地理解原文是先决条件，翻译的好坏取决于翻译的表达方式。所谓"表达"，就是指翻译人员在翻译过程中，将其从原文本中了解到的东西，用其他语言加以再现。

翻译中表达形式的优劣与译者对原文理解的广度和深度有关，也与译者的文化修养有关。理解是先决条件，表达是关键，而表达则是理解的成果。在语言表达上应遵循三个基本原则：①要保留原意；②要保留原文的文体特征；③要与译文的习惯相适应。这三方面工作的好坏将直接影响翻译的质量。所以，在整个翻译过程中，表达是非常重要的。

（五）翻译后的事项

译后工作主要是校对译文，包括自我校对、同学校对、导师审校，以实现对译文的优化调整。自我审校一直贯穿于整个翻译和实践报告撰写过程中，基础修正包括对标点符号、错别字等极易被忽视的错误的修正，其次是对用词和长难句进行润色，对翻译顺序进行调整，避免"翻译腔"的出现，再次是从语篇整体进行把握，时刻注意语体特征。由于自我校对难免会有疏忽，因此会导致出现错误的遗漏，存在一定的主观性和局限性，所以在翻译全文之后会请同学进行校对。同学从目的语接受者的角度对译文进行校对，对行文过程中不适当的地方做标记，并提出翻译意见。自己据此对译文进行进一步修正和优化。最后，将译文提交给导师，由于导师的语言功底更加深厚，翻译能力更加专业，所以请导师进行审校，会使译文质量有整体上的提升。导师提出的专业性意见会给自己很多启发，也能从更专业的角度评定自己的译文，对自身在翻译中处理不得当以及不知道如何处理的地方可以有更加深刻的理解，为之后的翻译实践积累经验。

好的翻译作品需要经过多次的打磨与修改，才能保证翻译质量。文章是改出来的，译文也是改出来的，自己翻译的东西，过几天再拿出来看看，又会发现可以改进的地方。在翻译实践的过程中，要对译文进行不断的完善，因此译后事项在整个翻译过程中也是必不可少的一个环节。译后事项共包括两部分，自我审校与他人审校。自我审校贯穿于整个翻译实践过程中，具体分为两个阶段。在第一阶段，也就是初译之后，自我审校的重点主要是译文的准确性，通过逐字逐句对照原文及译文，检查有无病句错译或者漏译，对句型结构复杂的句子进行再分析，修改细微错误，从词、句以及篇章方面进行二次分析，确保完整、准确地传达文本内容。在第二阶段，重心主要放在提高译文的可读性以及塑造文本风格上。要熟悉原文本的专业风格，脱离原文本单独诵读译文有助于发现译文是否存在翻译腔、是否有语病及不通顺的地方，从而调整表达方式，使译文更符合译入语读者的表达规范。自我审校不免带有主观情感及色彩，也会不可避免地忽视或遗漏相关细节，因此他人审校可以更好地帮助译者保证译文的质量。在自我审校过后请其他人进行校对，可以从不同角度对译文进行润色，共同探讨和解决译文中出现的翻译问题，从而有效避免自我审校存在的局限性。

四、翻译的方法

（一）增译法

在许多汉语表达中，往往连接词会省略，而英语是注重形式的语言，在汉译英时，需要增加连接词。连接词的功能是使一个段落更紧凑，强调这些句子与句子之间关系的重要性。汉语中很容易找到没有连接词的例子，其特点是意合性强，结构简单，有的句子中没有主句和主语，较少使用连词或形式连接手段。英语句型以形合为特征，各种形式的连词和从句极为常见，主要集中在明显的连接词、句式和结构完整性上。应特别注意汉英两种语言之间的区别，尤其在进行汉英翻译时，译者需要考虑小句之间的潜在关系，用适当的连词来连接句子，而用增译法增加连接词的翻译，是遵循翻译目的论的连贯原则的体现。

英译汉中使用增译法就是增加一些原文中无形而有其意的词、词组、分句或整句，使译文在语法、结构和表达等方面完整，这符合汉语的表达习惯，也实现了译文与原文在内容、形式和精神上的对等。为了能更忠实而准确地传达原文的信息内容，译者在翻译时，需要增补出原文省略的部分，以确保译文表达准确。

（二）省译法

省译即根据译文需要，以及译入语读者的风俗习惯、惯用表达、句式结构，省略一些不必要的词汇，包括虚词、无用词等，汉语表达中的重复往往起强调作用，但翻译成英文时，常常会结合英文忌重复的特点，把意思重复的词省去不译，以避免译文累赘。但是不能随意省略，不能改变原文表达的意义。省译的作用有以下几点。首先，揭示原文面貌，简洁地再现原文意义。汉语中会运用许多修辞手法，如用排比增强文章气势，用比喻使文风华丽优美，而本次翻译材料是对历史文化的翻译，并不要求语篇的华美，而是讲究忠诚、严谨规范、语言简单明了，符合翻译目的论的忠诚原则。其次，避免语句拖拉无重点。汉语经常会出现同义词叠放在一起做成语的现象，也会出现一些偏正结构的现象，省译法对重复的词语进行省略，很大程度地避免了文章意义重复。

省译大多是以避免译文累赘为目的，在句法和语法上进行调整，以求译文更加流畅通顺。在外国学者的研究中，省译或减译不仅是为了追求译文的流畅，而且会根据翻译时的具体情况对原文信息进行省译或减译。比如，一些常识性的知识会影响读者的观感。

（三）遣词法

遣词法就是在翻译过程中进行遣词用字、精选词语、准确表达，真实再现原文意义和风格。

英汉在词义含量、词义对应、词汇搭配用法、词义情感色彩上存在较大差别，因此，在表达相同的思想内容时，往往会使用不同的词汇。为了避免这种矛盾，确保翻译质量，就要正确地理解原文的含义，根据翻译中所使用的词语来准确地选择合适的对等词语。词义的理解与选择要依赖于特定的语境。

使用遣词法应遵循以下几个原则。

①遣词的前提是准确把握词义，而词义的把握往往取决于上下文语言环境。所以使用遣词法时要根据上下文判断词义。

②人们在使用语言表达思想时，往往带有感情色彩，这种感情色彩表现在词语上大多有褒贬意义。在翻译时必须把握词的褒贬意义，并且准确无误地将其表达出来。

③遣词用字要符合汉语的构词规律和搭配习惯。

④遣词法的使用要讲究译文词语熔炼。言之无文，行之不远。在正确选择词义的基础上，要讲究炼词。遣词用句既要准确恰当，又要精练优美。通过推敲，选用精美的词语，使译文更加传神。

（四）换译法

换译法，就是在翻译过程中进行词类转换。从语法角度考察，英语一个词能充当句子成分的情况与汉语相比较少，且充当不同成分时常需要改变词类。此外，英汉两种语言的词类使用频率不同。英译汉时，应根据汉语的行文习惯，对词类做必要的转换，使译文通顺流畅。

换译在翻译中十分常见，由于两种语言的语法以及表达方式存在着差异，在翻译的过程中，可以根据句意改变某些词语的词性，来使得译文句子更加符合目的语读者的习惯，避免逐字逐句的死译，让译文晦涩难懂。

翻译中的词类转换有很多种，译者在翻译的过程中更应该注意的是目的语的语言习惯，不能被原文本的语言结构所困住。由于英语为形合语言，句法结构固定，一句话中只能出现一个谓语动词。因此原文中会存在非谓语、不定式、介词等动态意义，而汉语中对动词的使用更为灵活。若拘泥于单词的词性势必会导致译文僵硬，翻译腔明显。词类转换能很好地解决英语静态与汉语动态之间的关系。

英汉句式有明显差异，英语的典型句式为主谓模式。汉语为主题化模式，这两种句式在主题结构，句子风格以及主语选择等方面形成鲜明对比。汉语的主语可由不同类别的词语充当，主语隐含不显，无主句时常出现谓语成分复杂，且不受主语支配，没有人称、数和时态变化的情况。英语的主语突出，易于识别，只能由名词或名词性词语充当，谓语受主语的支配，句与句之间多由表示逻辑关系的连接词相连。汉译英时要牢记以上两种语言的差异，确定主语和谓语，根据需要调整语序，并添加适当的逻辑连接词。

（五）分译法

由于英汉语言存在差异，英语多长句，而汉语句子较为短小精简，译者在翻译的过程中应当灵活采用不同的翻译方法与技巧，使得句子更加简洁易懂，其中分译法就是将原句中的词、短语或较长的从句单独译成一句话，以确保译文不会晦涩难懂，文章脉络更加清晰。

当将比较长，或是结构比较复杂的句子翻译成英语时，也可以采用断句分译的方法处理，这样既能使译文简洁、易懂、层次分明，而且更符合英语表达习惯。

第四节　翻译教学与翻译能力

一、翻译教学

翻译是一种将听、说、读、写结合起来的语言应用能力，它是一种综合性的语言知识。在提高翻译能力的同时，还要加强对翻译技巧的培训，以及对其他方面的能力的培养。英语是国际上最常用的语言，由于各国之间的交流越来越多，对高水平的翻译人员的需求量也越来越大。如何培养和造就更多高质量、适应社会需求的优秀翻译人才，已是当务之急。

（一）翻译教学的重要性

从社会需求的角度而言，全球化背景下世界各国之间的沟通交流日益密切，语言是各国政治、经济、文化交流的重要载体。随着现代经济体系逐渐完善，我国国际化发展进程的推进需要高素质且专业能力较强的翻译人才，他们能够准确地传达政治、经济等方面的合作交流事项信息，建立高效的沟通机制，促进实现双方合作共赢。目前高校毕业生在毕业之后，也需要具备一定的翻译应用能力，才能更好地完成工作，因此对于翻译教学提出了更高的要求。高校应增加对翻译教学的重视程度，健全人才培养机制，培养出专业知识基础扎实、专业能力强的高素质人才，以满足新时期社会对于创新型人才的需求。

从学生的个人发展角度而言，提升翻译水平是提升其综合能力的必然要求。由于我国在政治、经济以及文化等方面与世界各国的交流合作增加，因此对于翻译人才的需求进一步扩大，而翻译人才承担着传播历史文化的重要使命，需要具备较强的专业知识与能力以及综合素质。高校作为国家和社会培养人才的重要基地，提升翻译教学水平成为新时期的关键任务。

听、说、读、写、译是翻译教学的重要内容，也是掌握一门语言需要具备的基础技能。为了实现对各种材料的准确翻译，需要具备一定的语言知识和语言文化知识，同时需要掌握一定的翻译技巧，才能更好地解读材料中的意思，因此翻译水平对于综合应用能力的提升具有重要意义。另一方面，学生在翻译教学中会接触到大量的语言文化知识，有利于扩充其知识储备，提升语言文化素养。在对材料进行翻译的过程中，学生的听、说、读、写四项基本语言技能也能得到锻炼和提升，有利于提升高校大学生综合能力。

因此，高校应明确翻译教学对学生个人成长发展以及国家对外合作交流具有重要意义。教师应积极转变教育理念，将生活化、适用性以及文化性等作为翻译人才的培养目标，提升高校大学生的翻译水平，提升其语言综合应用能力，为国家和社会培养专业能力强、综合素质高的翻译人才。高质量的翻译人才承担着经济、政治合作以及文化传播的重要使命，因此高校培养高质量的翻译人才是提升我国综合竞争力的关键举措。

（二）翻译教学与文化传播

党的十九大报告指出，要推进国际传播能力建设，讲好中国故事，展现真实、立体、全面的中国，提高国家文化软实力和中华文化影响力。王刚毅在2016年全国翻译研究战略论坛致辞中强调，党的十八大以来，以习近平同志为核心的党中央高度重视我国在全球话语权的建立，而要在国际社会建立话语权，离不开翻译。赵启正认为，打造软实力必须提升"讲好中国故事"的能力，译者要熟悉外国人感兴趣的中国故事，还要能跨越文化差异造成的障碍。也就是说，有效的对外文化传播仅掌握英语语言知识是不够的，还应熟知中国民族文化，并且了解外国语言文化与政治环境，在外语的语言文化环境中准确地将中国故事传达到位。

翻译作为一种双向的跨文化交际活动，是两种文化传递、交流的过程，即交际双方应能够充分发出属于自己文化的声音，又能够最大限度地相互接近和理解。翻译人才的民族文化素养水平，直接影响我国对外文化传播。北京外国语大学孙有中教授在谈及英语类专业人才培养规格时提出，在素质方面，要具有中国情怀，重视中国文化与价值观，对中国文化怀有赤子之心。译者应当有文化自觉性，不仅谙熟源语文化和目的语文化，同时还需具备跨文化交际能力。为实现国家"文化走出去"的战略目标，中国文化的导入必将成为翻译教学未来发展的方向之一。翻译课堂应致力于提高学生的文化素养与翻译能力，使其能有效地运用所学文化知识与翻译技能介绍与传播中国文化，培养学生的中国文化推介意识，利用新媒体、新技术提升学生的跨文化交际能力。

（三）翻译教学与跨文化教育

跨文化教育改革形成成熟体系的标准在于高等教育机构对教材的创新紧跟时代，师资力量全面提高，与相关教学体系的转变。

首先，各大高校应从自身专业建设基础与学生综合素质进行全方位考量，若想顺利且高效地促进改革的进程，改变原有教材将是一个重要的方向，教材是学生认识专业的一个窗口，跨文化教育要选择对其国家文化有侧重研究的新式教材，通过添加当地特有文化活动和与汉语言习惯的差别化内容来协助同学们形成对英语文化的认识，激发学生学习探索的积极性。

其次，高校教师队伍应设立考核规范，引导学生强化应试技巧，教师在因材施教的同时，自身也必须注重提高文化素养，加强自身对英语文化的理解，转而在课堂上形成有效的指导，进一步为学生构筑英语文化观念。同时有条件的高等教育机构可聘请有能力的外教教师让学生更直观地接触西方文化，让专业学生在受教过程中认识到跨文化教育在英语翻译应用中的积极因素，进一步提高学生的职业素养。同时对外籍教师的聘用也应在本专业教师团队中形成鲇鱼效应，促进教师体系的完善。各高校应结合以上优势条件开展跨文化主体活动与培训，形成师生共同学习、相互促进的良好局面。

最后，各大高校的决策层必须制定相关标准框架与目标，推动创新改革深入持续发展，引导师生树立正确及端正的跨文化核心价值观，避免师生出现文化不自信或文化自大的不良心理。在为学生提供良好学习氛围的同时深化创新模式，通过与英语种国家高校进行合作，为本校学生提供了解其语言文化的平台，通过相关思想教育活动培养学生形成正确积极的跨文化心态，依靠本校资源深化研究并结合他校经验，取其精华，去其糟粕，使得高校培养出适合时代发展的英语翻译人才，同时形成一定的教学经验，也进一步促进教师职业素养的提高，形成三者互利的良性循环。从国家层面来讲，为实现跨文化交际两国互利共赢，我国在日后很长的一段时间内需要培养对英语种国家文化具有深层理解的翻译人才，跨文化教育下的翻译应用将是一个大趋势，在我国相关教育体系的探索阶段，相关改革将极大提高高校学生的素质。

（四）现代互联网与翻译教学

1. 在互联网思维中优化翻译课程设置

伴随中国国际地位的崛起和对外开放的深化，优秀的翻译人才已经日益成为人才竞争的中心，因此，大学因与翻译教学要与时俱进、优化升级，为培养更多的高素质翻译人才做出专业努力。互联网的普及推广，使高校能够更清楚更快速地了解社会需求和就业形势，使高校意识到人才市场和就业领域对高素质翻译人才的强烈需求，因而高校和相应教师要担负起相应的责任，把传统思想转化为革新教育思想和教育理念，推进翻译教学的改革创新，不断满足社会的人才需求。对此，高校要重视翻译教学环节，提高翻译课程在英语教学中的课时比例，积极优化翻译课程设置。第一，要提高翻译课程在英语教学体系中的教学地位，需从理论课程和实践课程两方面对翻译理论知识和操作技能的知识体系进行全面化、系统化的改革；第二，要在专业必修课基础上开设翻译教学选修课程，满足学生对英语文化知识和跨文化交际技能的学习要求，教师在选修课程中需要丰富教学手段，增加教学趣味性，在阅读国外文学著作、全英影视、外文杂志的过程中，使学生加强对英语文化的理解，提升英语交流能力，进一步提高学生英语翻译的技能和水平。

2. 在互联网应用中丰富翻译教学内容

合理的教学内容是展开翻译教学的前提和基础，科学适宜的教学内容势必产生积极的翻译教学效果并提高翻译人才的水平。当前的翻译教学要删去传统落后、违背实际生活的教学内容，代之以紧跟时代发展、提升就业能力的教学内容。互联网，以其海量的信息资源和丰富的翻译教学材料成为翻译教学内容创新的重要辅助工具，高校教师要将眼光聚焦于互联网，实时观看并且在翻译教学时使用互联网中适合翻译教学的内容。这样不但能够优化升级翻译教学方式，而且新鲜出炉的教学内容也更能调动学生学习的积极性，使学生对翻译内容产生足够兴趣。第一，翻译教学的主要依据是教材，高校要对所使用的翻译教材进行研究，审验现行教材与社会发展需求以及学生学习需求的贴合度，要及时更新不能适应社会发展需求的内容，补充在互联网上搜索、筛选到的新的教学内容。第二，翻译教学要不局限于课程教材、不局限于书面形式，语言学习需要多种感官的并用，教师要善于利用互联网中的新闻资料、影视资源，调动学生眼、耳、口等多种器官，运用翻译工作知识和技巧，让翻译教学内容更加丰富。

3. 在互联网技术中创新翻译教学方法

传统的教学方式，无非是教师将自己的翻译知识和经验以语言传导的方式传授给学生，学生眼观、耳听、做笔记，方式简单，形式枯燥，很难提高学生学习主体性，其教学效果大打折扣。互联网背景下，信息技术和互联网发展不仅提供了海量的教学资源，也给教学方法改进提供了出路。首先，利用互联网制作教学课件，可以将语言、视频、图片等多种表现形式并用于教学课件，从而吸引学生的课堂注意力，使学生学习的主动性获得提高。其次，利用互联网实现翻译手段的更新，信息技术发展催生出多种翻译辅助工具，教学中应科学运用翻译辅助工具，锻炼学生开展翻译工作的能力，使其在今后的翻译道路上更加顺畅。最后，人机交互技术逐渐成熟，以翻译模拟场景进行课堂翻译模拟练习，可大大增加翻译教学的趣味性，学生在近乎实景的翻译场景中进行现场翻译和临场发挥，能较快提升其翻译能力。

4. 在互联网平台中拓展翻译实践渠道

学生要想使翻译水平提高，实践是唯一的渠道。翻译实践练习不仅可以使所学理论知识得到巩固，也是知识转化成技能的实用性手段。首先，要通过线上线下的英语模拟竞赛、模拟招聘、模拟会议等形式，鼓励和支持学生参加各种翻译活动，尤其是线上模拟训练，没有场地、活动经费限制，网络平台弥补了现实中翻译实践锻炼机会不足的不足。其次，翻译社团也是学生英语翻译能力锻炼的又一途径。高校可以支持学生建立翻译网络社团，将有丰富翻译经验和能力的各方面人才集聚在网络中，定期或不定期举办线上活动或者竞赛，使学生受到翻译人才的魅力感召，不断增强翻译的信心。最后，互联网沟通四方，联络发达，高校应运用互联网联络社会活动信息，为学生争取参与机会，使学生在社会翻译实践中得到真正锻炼。

二、翻译能力

（一）翻译能力的概念

翻译能力是指母语和非母语使用者对母语句法及语义规定的掌握。这一能力应该包括在交际能力中。翻译能力是交际能力的一种特殊表现形式。这一能力不但包括翻译，还包括知道如何去翻译。

所谓翻译能力，方梦之的《译学词典》中是这么界定的，"把源语语篇翻译成目的语篇的能力，是译者的双语能力、翻译思维能力、双语的文化素质以及技巧运用能力等的综合体现"。翻译能力不是指解决翻译问题的方法，而是译者在翻译过程中为了寻求解决翻译问题的方法时所依赖的语言资源。和其他的交际能力不同的是，翻译能力并不是均匀地被配给语言学领域的每一个成员，也就是说不是每个人都能翻译，只有那些懂得如何翻译并有一定的翻译经验的人才能翻译。翻译能力这一概念不仅决定着翻译课程的大纲，而且是评价译者能力的一个重要标准。传统的翻译理论将能力和技能看作是一回事。例如，纽伯特将能力定义为"一个复杂的知识与技能的总和"。这一概念模糊了语言的其他技能即听、说、读、写，而翻译能力是随着译者对知识的掌握而发展起来的。所以我们在定义翻译能力时，应进一步涉及与其相关的一些因素。翻译能力属于语言运用能力，它的培养离不开翻译教学和翻译实践。

翻译教学与职业翻译培训虽然都强调翻译人才培养，但就实用性而言，职业培训更有针对性和专业性。翻译教学又可分为外语语言能力和专门翻译能力两个阶段，学习者通过第一阶段的学习，实现对两种语言的基本知识、技能、文化等的掌握，然后通过专门的学习和训练，掌握翻译知识、技巧和原则，熟悉双语转换规则，增强翻译能力并成为翻译人才。在某种意义上，可以说翻译人才的培养为"语言＋翻译"模式，而语言为翻译的基础。值得注意的是，在翻译教学中，无论是语言能力，还是翻译能力培养，都可以在一定范围内使用教学翻译（语法翻译法）等形式进行，当然，这一教学方法需与其他方法结合，才能取得更好的教学效果。

（二）翻译能力的影响因素

1.语言文化的差异

在实际翻译中，语篇是翻译的对象和基本单位。英语读者和汉语读者生活在不同的文化环境，在知识结构上自然存在着不少差别，对语篇中信息的理解和接受也会有所不同。那么，对于我国学生如何处理这种英汉两种文化的差异，跨越语言鸿沟，是翻译过程中的一大难题，也是影响翻译能力提高的一大障碍。

2.语言基本功

语言基本功是否扎实也影响着学生翻译能力的提高。翻译要求具备多方面的知识，它包括译者的汉语知识和理论知识，其中汉语知识包括语法、修辞、逻辑，除了语法、修辞、逻辑等知识以外，还要注意不断吸收和丰富各种基础理论知识，学生应学会如把这些基础知识灵活地运用到翻译过程中去。若语言基本功不扎实，将定会影响翻译能力的提高。当然，除了文化环境的差异和语言基本功是否扎实等因素外，教师在教学过程中如何引导学生进行翻译以及对学生翻译能力培养的重视程度等也会影响学生翻译能力的提高。

（三）翻译能力的基本要求

1.语言能力及双语转换能力

翻译是一种涉及两种语言转换的活动。因此，培养学生的语言转换能力在翻译教学中至关重要。译者扎实的语言功底和良好的语篇知识储备能够帮助他们自由地在两种或多种语言之间进行切换。基于此，在培养学生语言能力及双语转换能力的过程中，首先，教师应该培养学生树立正确的翻译观和双语转换的概念，通过大量的翻译实践积累更加深刻地理解双语转换概念，掌握双语翻译中的技巧和规律。其次，教师应当积极引导学生去重建原作的创作语境以及创作意图，除了要正确理解原文素材之外，还要引导学生运用适当的语言来表达原作的意图。除此之外，在着力提高学生的翻译水平和翻译能力的同时也要不断地积累母语语境知识，以提高他们的母语水平，从而增强学生对母语的理解力。

2.语篇能力

认知翻译观认为，翻译是具有语篇性的活动。不论是逐字逐句翻译还是段落翻译，甚至是章节翻译，都基于一个完整的文本。翻译文本在词汇、句子、段落或者语言风格上都受到语篇整体的意义和风格限制。也就是说，不管是词汇意义、句子意义或段落意义，在翻译的过程中，译者都必须考虑语篇的整体性，否则翻译出来的文本就会出现似是而非、词不达意、望文生义等情况。因此，培养和训练学生对文本的把握，对语言篇章的理解能力就显得至关重要了。在翻译教学过程中，一方面教师应帮助学生摄入更多的语篇知识，加强学生对文本的理解力，还要训练学生对语篇中词汇、句子、段落以及章节知识的理解，而且还要提醒学生兼顾语篇的完整性、一致性和连贯性等。另一方面，教师应当积极引导学生参与大量的翻译实践活动，在实践中锻炼和掌握必要的语篇知识与翻译技巧，由此才能使学生真正领会和理解语篇在翻译过程中的作用，从而打破被翻译理论束缚的困境。

3. 逻辑思维能力

逻辑思维能力是一个人心理认知能力的重要体现，也是译者翻译能力的重要组成部分，译者的逻辑思维能力在一定程度上能够决定其译文质量的好坏。在翻译教学过程中，教师应该重视对学生逻辑思维能力的训练和培养。首先，教师要帮助学生明确不同语言体系之间的差异，以及本族语使用者的思维模式。例如，英语语言更多是总分总的模式，属于演绎推理的模式，而汉语则体现为先分后总的模式。这些不同体现了其本族语使用者的不同思考方式和逻辑模式，且它们在某种程度上会影响译文的篇章结构和各部分信息之间的先后顺序。在实际教学过程中，教师可以通过运用典型的翻译案例，强调语言体系及思维模式之间的差异，让学生更深刻地理解不同思维模式下思考问题的方向，帮助学生树立逻辑意识。其次，教师需要要求学生在动笔翻译之前，对原文进行细致的梳理，并对其中各信息之间的内在逻辑关系、主次关系进行分析，再根据目的语的语言规则和逻辑表达习惯来进行翻译。最后，教师应引导学生进行整合以及校对工作。通过运用归纳、整理和总结的方式对原文中存在的逻辑关系进行细致的分解，能够帮助学生减少翻译过程中由于逻辑混乱而造成的偏误，从而提升其翻译能力。

（四）经济全球化发展与翻译能力

1. 提升文化思辨力

文化思辨能力包括文化思考能力与文化辨别能力，是指在对两种民族文化的历史由来和发展演变过程有了清晰的认识之后，基于本民族的价值取向和政治立场，进行积极良性的思考与辨别的能力。高校培养学生文化思辨能力的前提是提高其文化自觉和文化自信，促进学生进行文化内省。对于英语专业国际化人才而

言，文化内省是一个自我体悟与自我消化的过程，这就要求英语专业的学生平时加强对经典译文的积累与感悟。

例如，学生可以利用课余时间阅读英国汉学家大卫·霍克斯译著的《红楼梦》、马爱农与马爱新译著的《哈利·波特》、王佐良译著的《论读书》以及李霁野译著的《简·爱》等书籍。学生还可以进行"逆向翻译"训练，主动找到英文作品的中文译本，并尝试自己进行翻译。通过不断对比自己的译文与原著的异同点，总结出翻译规律，进而进行文化内省，从而有效提升自身的文化思辨能力。

2. 培养语言外能力

语言外能力主要是指专业知识和常识，具体包括翻译专业理论知识、跨文化知识、百科知识等。"讲好中国故事"对译者的知识广度和专业技能水平提出了更高的要求。法国释意学派翻译理论创始人塞莱斯科维奇认为，翻译的任务是转达交际任务，语言只是理解意义必不可少的条件之一，若想正确理解意义，译者不仅仅要拥有语言知识，还应具备足够的主题知识和百科知识。

为了准确地"讲好中国故事"，有效传承并传递中国文化，构建中国文化自信，彰显中国文化软实力，各高校在培养英语专业国际化人才时，应不断增加其相关知识储备，提高其专业能力、跨文化沟通能力和语言外能力。

3. 构建双语知识体系

高校构建双语语言知识体系的关键和核心是建立好语言框架，然后将精细化的英语知识不断纳入语言框架之内。英语专业大学生普遍阅读理解能力强，阅读词汇量丰富，然而却未能很好地掌握英汉两种语言中最深层、最精细的知识，其语言表达能力与翻译创造能力有待提高。鉴于此，为了培养英语专业国际化人才并提高其翻译能力，高校在课程设置方面，首先应该提出明确的翻译课程教学目标，其次应打破专业壁垒，从教育学、心理学、管理学及美学等各个方面进一步加强对双语语言知识体系的构建。与此同时，高校应开设与语言表达能力相关的训练课程，如英语演讲、英语辩论、口译和笔译等，并渗透医学类、商务类、法律类等相关翻译知识，帮助学生更好地构建双语语言知识体系，为学生未来的发展奠定基础。

4. 精准实施培养方案

高校应选择合适的翻译类教材和中国文化类教材，打造具有"中国特色"的英语专业课程。教材应以知识为载体，以技术为媒体，瞄准人才培养的总目标，促进能力培养和素质的提高，开展立体化开发战略和多方位建设。除此之外，英语专业教师还需要通过各种渠道获取对学生有益的资料，并将其与教材内容、中国文化知识相结合。在授课过程中，教师应不断为学生补充时事热点新闻、政策等方面的英语词汇和相关英文资料。教师在引导学生做课外阅读时，可以从《中国日报》《国家地理杂志》《经济学人》《读者文摘》《泰晤士报》《纽约客》《科学美国人》《新科学家》《大西洋月刊》《卫报》等报刊中选择合适的材料，不断开阔学生视野，全面提高学生素质。另外，教师可以让学生在课前准备与课程内容相关的中国故事英文版材料，在课堂上通过 PPT 进行展示。教师还可以组织学生就某一中国文化现象进行全英文的小组讨论，并分组汇报讨论内容，以此提升学生的语言能力和翻译能力，从而进一步提升学生"讲好中国故事"的能力。

第二章　中西翻译的发展历程

翻译是人类历史上最悠久的文化交流活动，是不同文化交流的主要手段，中西方的翻译都经历了漫长的发展历程。本章分为中国翻译的发展历程、西方翻译的发展历程两部分，主要包括我国早期外语教学、延安时期的翻译教学、新中国成立后的翻译教学、古希腊罗马文化翻译时期、中世纪西方翻译时区、文艺复兴时期的西方翻译、现代翻译时期等内容。

第一节　中国翻译的发展历程

一、我国早期的外语教学

（一）晚清前的英语传播

受经济利益的驱使，人们会走出国门跟世界各地的人进行接触，这时，语言作为一种沟通媒介就变得异常重要。16 世纪初期，葡萄牙同中国澳门有了密切的贸易往来，占据澳门的葡萄牙人在中西关系中扮演了举足轻重的角色。渴望在这种关系中寻求生计的中国人，发明了用以沟通交往的澳门葡语。与此同时，英国依托经济发展开始扩大海外贸易，中国是其贸易目的国之一。中英交往变得密切，澳门葡语的地位逐渐被英语取代。实际上，英语在中国晚清时期的传播并非突然出现，早在 1218 年成吉思汗西征时，蒙古西征军就曾雇佣英国人担任信使或翻译，英语传播的种子在那一刻就已经发芽，而后来的马戛尔尼使团访华事件和晚清以前的外语教学机构均为晚清时期英语传播奠定了历史基础。

1793 年，英国政府任命马戛尔尼为大使，派其前往中国为乾隆皇帝庆祝八十大寿。但祝寿只是借口，马戛尔尼使团访华的真正目的是介绍英国的制造品，期望借此机会打开英国对中国贸易输出的大门，消除中国茶叶对英大量输出造成的贸易逆差。然而，英国打开中英贸易大门的目的并未实现。使团到访目的不但落空，所提要求也几乎全部被中国拒绝。当时的中国社会仍处于闭关锁国、自给自足阶段，对外来制造品提不起兴趣。这是马戛尔尼使团访华失败的重要原因，但此外，使团访问失败与当时中国英语人才的缺失不无关系。斯当东在《英使谒见乾隆纪实》里提道，"皇帝同特使直接谈话的次数不多的原因，并不是由于礼节上的限制，也不是由于皇帝对欧洲事务不关心，而完全是翻译上的麻烦，使谈话无法正常进行"。虽然早在成吉思汗时期英语就已在当时的中国领域内出现，但明朝开始实施的一系列"海禁"与"禁教"政策却使外国人不敢贸然来华，最终导致中国缺乏能够胜任英语翻译的人才，到了清朝，能够担当翻译重任的英语人才就更少了。法国学者佩雷菲特将这次交往中的中英两国十分贴切地形容为"地球上最强大的聋子"。认为两国在互相不理解对方意图的前提下互相顶撞，最终导致双方不欢而散。可见马戛尔尼访华失败不仅仅是清朝社会闭关锁国导致的，语言上的问题也是促使沟通失败的重要原因。谈话与交往的不顺畅直接导致了马戛尔尼使团访华的失败，但使团却借着此次访华的机会，在中国搜集大量情报，回国马上出版《马戛尔尼使团使华观感》一书。此书不但对中国的政治、经济、军事、宗教、水利、司法等情况逐一进行了介绍，还通过表格的形式对中国当时的人口、官职、俸禄等进行统计，内容极其详细，为英国了解中国社会状况与国情打开了窗口。马戛尔尼在书中对于宗教的评论是，"中国没有正式的国教，没有拥有垄断特权的教派，也不排斥某教派的信徒担任官职。国家的工作对所有人都是开放的，不管他是在庙里还是在浮屠里做祈祷"。这极大地鼓舞了传教士来华的信心，为后期西方传教士来华作了铺垫。可以说，马戛尔尼这次失败使中国痛失深入了解西方的机会，但却促使西方滋生出能够征服中国的自信。一方面，马戛尔尼使团访华的经历侧面鼓励了西方传教士来华开展英语教育相关活动，另一方面，1840年鸦片战争的爆发给清政府敲响警钟，使其意识到翻译人才培养的重要性。此次觐见中，乾隆皇帝与马戛尔尼使团之间的交流与谈话并不多，甚至许多信息都谈不上对称，但英国马戛尔尼使团的这次出访仍可被看作是中英交往历史上，英语在官方场合上的首次出现。实际上，古代中国曾重视过外语学习，晚清以前已有开设官办外语教学机构的经验。

　　古往今来，中国历朝历代都不得不与边疆少数民族和境外国家打交道。为了方便外籍人员的管理，汉代、北魏和隋唐时期政府曾分别建立"蛮夷邸""四夷里"和"四方馆"。这些馆院将四方民族纳于京畿之内，这对中国古代客馆制度的发展与完善起着积极的作用，各民族之间的经济文化交流也得以加深。到明朝时期，境内外地区之间的政治、经济、文化交往日趋频繁，朝廷急需通晓外藩语言的人才，遂于 1407 年建立了中国最早的官方议员培训机构——四夷馆。四夷馆是学习和研究亚洲各民族语言文化的学校和研究机构，其中"馆"在汉字中的意思是学校。所以，四夷馆可被看作我国最早的、结构完整的，并带有语言教授功能的"亚洲研究院"，也是明朝专门从事外事翻译的机构，主要负责境外国家和周边少数民族语言文字的翻译。四夷馆所聘教习制定了在馆学制与具体学习准则，不但为当时的社会培养出可为国家所用的外语人才，还为今后的外语教育提供了实践经验。各馆撰写的课堂教学用书《华夷译语》是研究四夷馆师生翻译活动和中国外语教育的重要资料。然而，随着明末社会的颓败，四夷馆逐渐没落，虽然没被撤销，但却并没有在外语教育与翻译上有更大的发展。到清朝时期被更名为"四译馆"，仅仅作为清朝附属国翻译处而存在，最终于 1903 年彻底退出历史舞台。"四译馆"虽然没有继续发展，但另一机构"俄罗斯馆"的建立却标志着中国的外语教育并没有停下脚步。

1840 年以前的外语教学机构以明代"四夷馆"和清朝"俄罗斯文馆"为代表，体现了政府设立外语教育机构的目的多为迎合外部环境。"四夷馆"和"俄罗斯馆"创办时中国国力强盛，在外交中往往是具备话语权的一方，因此在外语学习的选择上有一定选择权。虽然当时并未推行英语教学，但中国实际上已经有了外语教学的经验，这也成为后期晚清政府洋务派进行英语教育政策制定的宝贵经验。

英语在中国的传播真正爆发于鸦片战争之后，但中英语言接触却早就存在。马戛尔尼使团的访华是中英两国历史上第一次官方接触，也是中英两国第一次出现官方上的语言接触。可惜，当时偌大的中国竟找不出一名像样的英语翻译，只能让学习中文刚满半年的斯当东的儿子暂时充当，谈话效果可想而知。马戛尔尼使团的访华之行虽然以失败告终，但却使英国政府看出当时的清朝闭关锁国、故步自封，无法也不愿去接受、接触新鲜事物，看起来歌舞升平的天朝上国实际上不堪一击。这次中英官方的首次会晤增强了英方战胜并控制中国的欲望与野心，之后英国发动鸦片战争，使中国沦为半殖民地半封建社会，但是也让鸦片战争后的清政府彻底意识到语言沟通的重要性。可以说，这次访华之行为后期英语在中国社会的传播埋下了历史的伏笔。实际上，若说中国丝毫没有学习外语之心和学习外语的经验也是不对的，在晚清同文馆创办以前，中国就已经开始了外语教育。

明朝四夷馆专学周边夷语，四夷馆后又有俄罗斯文馆，聘请西方老师教授俄语与拉丁语，同时编纂教材，为中国的外语教育积累了一定的实践经验。探讨晚清前的四夷馆与俄罗斯文馆创办始末可以看出，中国对周边外交、贸易等方面沟通频繁国家的外语习得经验十分重视。因此可以说，民国前的中国政府在外语教育政策与规划上总是被动的。外语学校的规划基本迎合当时的历史背景，与某国出现外交困难或受到某国的压制才会产生学习当国语言的想法相似。这种情况延续到了鸦片战争爆发，受到英国牵制的清政府创办了京师同文馆等专习外国语言文字的近代化新式学堂，实现了中国历史上首次进行的官方英语教育规划。

（二）京师同文馆的英语教学

1862 年京师同文馆创办之初，只设立了英文馆，招收了 10 名学生，由此拉开了洋务学堂外语教学的序幕。京师同文馆初招学员，不仅人数少，而且对生源也有严格的限制。根据章程规定，"应由八旗满蒙汉闲散内，择其资质聪慧、现习清文者，年在十五上下者，每旗各保送二三名，有臣等酌量录取，挨次传补"。可见，招生对象仅限于旗人。但同文馆学员的挑选是由大臣们"酌量录取"，那么负责招生的官员们以究竟以什么为"量"？齐如山的家兄竺山到北京参加乡试时，李鸿章建议他去同文馆，其父在询问文正公"如何才能得入"时，李鸿章的一个"容易"说明了同文馆的入学并不难。当时如若不是其父自以为齐如山年龄小又不好意思劳烦李鸿章，他希望齐如山也能随其兄一起入同文馆。但事实是"不用说两个，就是十人八人，文正公一句话，就都可以进去，毫不费事，这不但不算作弊，而且算是帮助同文馆"。因此，同文馆对学员的选拔基本上没有一个具体可行的标准，主要是官员们的主观臆断。另外，还有一点值得注意的是，在挑选入馆学习的学员中，要求招入正在学习满文的旗人。依据同文馆的课程要求，学员被招入学馆中是需要学习汉语的，对于只懂满文而不懂汉文的学生来说，同时学习英语和汉语显然难度较大。所以，同文馆初次招生既没有一个合理的入学门槛，学员也没有良好的汉语基础。加之受传统观念的影响，天子脚下的臣民自然不如通商口岸地区的臣民开化，他们对"夷人、夷语"的态度还没有完全转变，认为学习外语是一件耻辱、受人嘲笑的行为。

所以，京师同文馆起步的时候，招生情况并不好。为了解决招生困难的境遇，同文馆通过每月发放三两膏火银来吸引学生，并且对在考试中表现优秀的学员还会有额外奖励。即便如此，最初在八旗官学中挑选同文馆学生时，那些有人情可托的学生是不会去的，去的多数是没人情或功课不好的学生。不难想象，同文馆初期学员的质量并不高，很多都是冲着馆里的生活待遇和可以学习汉文而来，缺乏外语学习动机，办学效果自然不尽如人意。

京师同文馆从初设只招收了 10 名学员的英文馆发展成为学生人数最多可达 120 人，涵盖英、法、俄、德、日五种外语，涉猎西方多门学科的综合性近代学堂。作为近代中国新式教育和外语教育的嚆矢，它打破了中国传统的教学方式，引进了西方先进教育理念，实行分班制教学，在课程设置上根据教育规律遵循循序渐进式原则，学校教学内容以外语学习为主兼修自然科学。同时，旨在培养翻译和外交人才的京师同文馆更是注重翻译教学。

通过翻译照会向帮助学生了解外交事务的内容，熟悉外交语言，对学生毕业后快速适应工作大有裨益。除了外交文书，各类洋文新报上面刊载的"有关风俗政令者"都成为同文馆学生的翻译源文。不同类型材料的翻译为学员们积累了丰富的笔译经验。

此外，总理衙门还要求同文馆的学生参与外交实务以提高他们的口译实战能力，即"学生除正课外，须为总理衙门兼任译员"。为了培养学生同外国人打交道的能力，1866 年 3 月，同文馆派出张德彝、凤仪和彦惠随山西襄陵知县斌椿出国游历。这次走出国门的游学实践对同文馆的学生不仅起到了"增广见闻，有裨学业"的效果，同时也发现学生在具备了初步的语言基础后，派其驻海外游学是进一步提高翻译水平的好方法。1876 年，张德彝和凤仪又以使馆翻译官的身份随同郭嵩焘出使英国。除了派遣学生出洋见习，光绪二十一年（1895 年）的堂谕又规定，"嗣后各国会晤，应派熟悉该国语言之同文馆翻译官及学生等一二人，在旁静听，以免洋员翻译参差"。这意味着同文馆的学生可以列席国内的外交现场，在需要进行外务交涉时，可以随外交大臣前往直接进行现场翻译。

可以说，京师同文馆在笔译和口译展开的实践教学活动与其培养翻译、外交人才的目标相契合，同时也是对理论与实践相结合教学方式的一种尝试，它不但有利于夯实学生英语基础，提高其外语的驾驭能力，也推动了京师同文馆对教学形式的探索。

派出优秀的学生出使中国驻外使馆，或是在国外留学深造，使学生获得了直接参与外交实践和学习语言及西学的机会，可以看作是前期实践教学形式和人才培养模式探索的进一步延伸。

同时，京师同文馆在办学的过程中逐步摸索和建立起一套严格的涉及奖励、考核等方面的教学管理制度，为其教学活动与教学质量提供保障。

京师同文馆的创办迈出近代中国向西方学习的第一步，亦是清政府"师夷长技以制夷"的一个重要举措。作为一个新生事物，它无旧例可循，在发展过程中遇到了生源不足、师资水平有限等各类棘手的问题。更重要的是来自清廷内部顽固派的阻挠和最初社会对学习西语鄙视的态度也使得同文馆的发展举步维艰。在这样的环境下，京师同文馆通过自身不断地摸索并进行改革和调整，取得了一定的发展。

二、延安时期的翻译教学

（一）培养了一批俄语军事翻译人才

德国投降后的三个月，苏军主力进入东北协同中国对日作战，因此前线急需俄语翻译进行军事联系。延安俄文大队的不少学员被派往前线作翻译，配合苏联的军事行动。学员蓝曼受命组织坦克部队，她所学的俄语在部队同苏军交涉转交坦克给中共方的谈判中发挥了关键作用。

抗战胜利以后，延安外国语学校以及延安其他的多数学校都结束办学，外国语学校的师生分批离开延安前往东北和华北解放区，投入各种新的任务之中。据杨信恭回忆，其中有 30 个可勉强独立担任口头翻译的学员随东北干部团奔赴东北前线。许文益在延安俄语学校学的俄语也派上了用场。1945 年秋，许文益由军委编译局派遣到热河军区司令部当翻译，随后在民主联军二十七旅任宣传科长，1950 年他又被调到军情部武官训练班学习，从此走上了职业外交官的道路。1944 年，朱子奇在俄文学校毕业后即赴内蒙古负责与苏联的联络翻译事务，1946 年起他又先后在张家口参与接待苏联文化代表团的工作。延安时期的这些俄语学员在同苏军的军事联盟，以及新中国成立后与苏联和其他国家的外交事务中都发挥了举足轻重的作用。

（二）培养储备了新中国首批外交翻译人才

延安外国语学校培养了一批俄语和英语翻译干部与人才，他们分别发挥了短期和长期的作用。首先，学员在延安为苏联代表作翻译；在东北和华北解放区前线发挥军事翻译的作用，协助军事接触与谈判。1945 年延安有两位专门为中共中央领导保健看病的苏联医生，外科医生阿洛夫和内科医生米尔尼科夫。首批俄语学员何理良受命担任米大夫的翻译，随同去给领导巡诊；同时，她还在军委翻译处翻译一些苏联的军事书籍《合同战术》《内务条令》等。1949 年 8 月，她参加布达佩斯世界青年联欢节的青年代表团，任俄文翻译。此外，外国语学校的学员还比较集中地成为新中国第一批职业外交官，担任驻各国的大使、公使、参赞，担任外交部司长、中央各部门的外事局长、专家室主任等。在专业翻译方面，有一批人在中央编译局从事马列主义经典著作的译审工作，另一些人成为报社、出版社社长，从事教学和研究工作。

（三）形成了应用型翻译人才培养模式

延安时期的外语教育和翻译人才培养目标一直遵循应用型路线，无论是为了在战场上劝降日军、瓦解日军军心而培养日语军事翻译干部，还是为同苏联红军联合作战而培养军事翻译，或是为之后开设英文系培养外事翻译，都最终培养了数批在政治、军事、外事三方面都合格的翻译人才。延安外国语学校培养翻译员的初衷主要在于军事翻译人才，后期逐渐向外交人才培养方向转变。无论是从教学目的、教学内容，还是从教学方法来看，这两种培养方向都较为注重政治素养和口译能力，即注重译员的边区知识结构和外语语言能力。译者能力指一个合格的翻译者所必须具备的个人能力。延安外国语学校摸索出一条应用型的外语人才培养模式，即理论联系实际，学以致用，培养了一批政治立场坚定，有文化修养和专业知识的军事翻译和外交人才；也培养了一批懂军事、铁路、航空等专业英语的人才。延安时期的翻译人才培养在方法上以一切从实际出发为总原则，结合军事翻译的特点进行教学；教学内容注重语言实践课和政治课，文学课比重少；采用助教包班、学用结合的路子，充分发挥并调动了教师和学员的能动性和积极性。延安外国语学校的这种应用型翻译培养模式在新中国成立后成为一种宝贵的外语教育遗产，被贯穿应用到北京俄专、哈尔滨外专、上海俄专等外语专科学校的教学中，长期影响了我国的外语教育发展。

（四）凝聚了外语专家

除了人才培养较有成效，延安外国语学校还凝聚了一批外语专家和中外学者，促使他们在专业方面发挥所长，为中国的外语翻译教育做贡献。在延安，马海德、柯鲁克等外国人发挥其外语特长，促成了中国"抗战翻译"中特殊的外籍"抗战翻译者群像"，这也成为延安时期翻译活动的一个显著特征。他们还参与到翻译培训中，成为外语教学不可或缺的外籍师资力量，新中国成立后继续为我国的外语高等教育做出了贡献。

三、新中国成立后的翻译教学

(一) 1949—1966 年

1949—1966 年的外国文学翻译是在特殊的时代语境和政治环境下进行的，文学译介主要体现为一种政治关系。基于这种认识，长期以来，学界通过对这一时间段的翻译进行考察，将翻译简化为意识形态"一元化"的产物，认为这一时间段内外国文学翻译完全意识形态化，没什么研究价值。政治因素对文学作品的制约，成为 1949—1966 年译介研究的不言而喻的事实，不证自明。在这种观点的影响下，与晚清、民国时期和改革开放新时期相比，对"十七年"外国文学翻译的关注程度和研究热度，自然下降许多。从目前掌握的资料来看，这一时间段的外国文学翻译并不像大多数所认为的"一片空白"，而堪称"我国翻译文学史上的黄金时代"，这一时期出现了"译业兴盛、译人众多、译著繁富、译笔精湛的繁荣景象"，可以说，"外国文学翻译工作迎来了新的高潮"，仅从数量上看，"1949 年至 1959 年我国翻译出版的外国文学艺术作品计 5356 种，是 1949 年之前 30 年的两倍多"，"外国文学成为一门显学"。有数据表明，"十七年"间的外国文学翻译并不输给"清末民初"时期，但业内对这一时期的翻译研究热度却远远低于"五四"时期。但是，这种相对沉寂的状态恰恰蕴涵着研究的无限生机。

(二) 1966—1976 年

1966—1976 年这 10 年间，大专院校曾停止招生，后期"工农兵学员"的学制从原来的 4、5 年改为 3 年，许多课程都被压缩或精简掉了。

1970 年，大学从工农兵中招收大学生，但是仍有人抵制外语学习，鼓吹"外语无用"，不许学生接触外国的一切，使当时的外语教育处于严重的封闭状态。

因此，从整体上说，这 10 年间全国的外语教育水平大幅度下降。在外语教育水平整体下降的大环境下，翻译教学不可能不受其累。由于缺少文献资料的记载，我们基本上无法了解当时的翻译课教学的基本情况，如开不开翻译课、有多少学时、教什么内容、用什么教材，学生的翻译水平能达到何种程度等。

（三）1977—1989 年

1977 年，我国恢复高等学校招生考试制度，"英语热"伴随"求知热"在全国迅速掀起。1977 年英语高考成绩以 10% 记入总分，到 1983 年英语高考成绩以 100% 记入总分，英语成为高考的主要必考科目之一，从此确立了英语在我国学校教育中的重要地位。

1984 年 10 月 16 日，高等学校外语专业教材编写委员会英语组与中国英语教学研究会在西安外国语学院召开英语专业高年级教学讨论会。会上通过了《高等院校英语专业高年级教学试行方案》，其中对学生毕业时应达到的翻译水平规定为"能译一般文稿，如新闻报道和一般有关文化、文学、政治、经济等文章，译文基本正确、通顺；汉译英、英译汉的速度分别为每小时 150 个和 200 个汉字左右"。方案还规定，翻译课分设汉译英和英译汉，每周 2 学时，共开 2 ~ 4 学期。翻译教学要求：①翻译课的主要活动是学生的翻译实践及教师的讲评，通过实践及讲评，教给学生基本的翻译理论及技巧；②可先开英译汉，后开汉译英，也可交叉进行（有条件的学校可开设口译课程）；③翻译课每学期应要求学生至少做 9 ~ 10 次作业，每次 2 学时，英译汉为 300 ~ 400 个词，汉译英每学时为 150 ~ 200 字，翻译练习可安排在课内进行，以提高翻译速度；④翻译课用材要适当注意不同体裁和题材。这次西安研讨会对我国翻译教学产生了重大影响，直到现在，翻译教学的许多做法仍然沿用这一方案。

（四）20 世纪 90 年代以后

迈入 20 世纪 90 年代，我国改革开放进入深化阶段。整个社会经过 80 年代的热情之后慢慢变得沉稳起来，人们变得更加善于思考。从 90 年代初到现在，我国的外语教育，特别是英语教育进入了一个历史上前所未有的黄金时期。党的十一届三中全会以后，我国经济建设快速发展，国际交流与贸易日益频繁，外资企业大量进入，三资企业不断涌现。我国的经济发展对翻译人才的需求不断增加，这为我国翻译教育事业的发展提供了前所未有的发展机遇，"外语热"长盛不衰。80 年代英语师资紧缺的状况，到 90 年代以后得到了根本性的改变。90 年代中期以后，全国所有的中学和大中城市的小学三年级以上都开设了英语课。全国绝大多数本科院校都增设了外语系（院），部分有条件的专科学校也开始设置外语系（院）。在这样的形势下，翻译教学也呈现出前所未有的兴旺局面。

第二节　西方翻译的发展历程

一、古希腊罗马文化时期西方翻译

公元 4 世纪，盛极一时的希腊奴隶社会开始衰落，罗马逐渐强大起来。但是，当时的希腊文化仍领先于罗马文化。翻译介绍希腊古典作品的活动可能始于这一时期或始于更早的时期。这一时期也是古代翻译活动活跃、繁荣的一个时期。在公元前 3 世纪中叶，有文字记录的翻译活动就已问世。普劳图斯、泰伦斯等大文学家都用拉丁语翻译或改编荷马的史诗和埃斯库洛斯、索福克罗斯、欧里庇德斯、米南德等人的希腊戏剧作品。若干世纪之后又曾两次掀起翻译希腊经典著作的热潮，第三次和第四次西方翻译繁荣时期的出现，与此不无渊源。另外，这些译者一般同时也是著名的文学家，这一点与中国古代早期的翻译有所不同，这与语系间和语系内的翻译难度不同有一定的关系。这次翻译活动的历史功绩在于：它开创了翻译的局面，把古希腊文学作品，特别是戏剧介绍到了罗马，促进了罗马文学的诞生和发展，对罗马以至日后西方继承古希腊文学起到了重要的桥梁作用。

二、中世纪时期的西方翻译

中世纪中期，即 11 世纪至 12 世纪之间，西方翻译家们云集西班牙的托莱多，把大批作品从阿拉伯语译成拉丁语。这是历史上少有的基督教和穆斯林的友好接触，也是西方翻译史上的第三个高潮。

早在公元 9 世纪至 10 世纪，叙利亚学者就来到雅典，把大批希腊典籍译成叙利亚语，带回巴格达。在巴格达，阿拉伯人又把这些著作译成阿拉伯语，巴格达一时成为阿拉伯人研究古希腊文化的中心。至公元 11、12 世纪，西欧出现城市和市民阶层，并出现反封建和教会的城市斗争和"异端"思想运动，世俗文化开始形成。与此同时，大批西方翻译者集中到西班牙的托莱多，又以这里为中心将大量阿拉伯文的古希腊典籍作品转译成拉丁文，这次翻译及学术活动延续达百余年之久，影响非常深远。这次翻译的繁荣是文艺复兴时期翻译繁荣的基础。

三、文艺复兴时期的西方翻译

公元 14 世纪至 16 世纪在欧洲发生的文艺复兴是新兴资产阶级以人文主义为思想体系，反封建、反教会的一场思想文化革命运动。古希腊罗马典籍作品手抄本的发现，使古代世界的希腊、罗马文化重新受到重视和发掘，以达到复兴古代文化的目的。自此欧洲终于冲破中古世纪封建教会的禁锢和压制，进入文化繁荣的新时期。这一次翻译繁荣时期以用各国语言翻译古希腊作品为基本内容，同时涉及思想、政治、哲学、文学、宗教等领域，涉及当代和古代的主要作品，产生了一大批杰出的翻译家和一系列优秀的翻译作品。

文艺复兴之后，从 17 世纪下半叶至 19 世纪上半叶，西方各国的翻译继续向前发展。虽然就其规模和影响而言，这一时期的翻译比不上文艺复兴时期，但仍然涌现出大量的优秀译著。其最大的特点是，翻译家们不仅继续翻译古典著作，而且对近代和当代的作品也产生了很大的兴趣。

四、现代时期的西方翻译

20 世纪中叶以后，经过两次世界大战，西方社会相对处于一个政治稳定，经济、科技与文化交流飞速发展的繁荣时期，也为翻译的飞速发展创造了条件。尤其是科技与文化交流的飞速发展，促使西方的翻译事业无论在形式上还是内容上都发生了翻天覆地的变化。

由于时代的演变，翻译的特点也发生了巨大的变化，首先是翻译范围的扩大，翻译不再以翻译巨匠、名家大师为显著特征。翻译已经形成一门学科、一个职业门类。除专职翻译、文学家、哲学家以外，各行各业都有一大批训练有素的翻译人员。

其次，翻译的发展更加重视翻译理论的研究和突破。一方面大力发展翻译教学，培养翻译人才，一方面建立翻译组织，集中力量发展翻译工作。结合现代人类学、语言学、心理学等的研究新成果，西方翻译理论的研究很快有了长足的进展，成为现代翻译繁荣时期的一个重要特征。

再次，翻译的内容更加广泛，不再主要围绕传统的文学与宗教等方面。科技、商业、经济、金融、贸易、旅游、艺术、体育等各方面的翻译都迅速发展起来。可以说，翻译在现代社会全方位地发展起来了。翻译语种也逐渐多样化。

最后，翻译事业的发展也有了很大的变化和进步。这主要体现在三个方面：①兴办高等翻译教育，如法国、瑞士、比利时设有翻译学校或学府，英、美、苏等国在大学高年级开设翻译班，以培养翻译人员；②成立翻译组织以聚集翻译力量，最大的国际性组织有国际翻译工作者联合会（简称"国际译联"）以及国际笔译、口译协会和各国的译协；③打破了传统的发展方式，发展了机器翻译。这三点实际上是新时期翻译发展的重要标志。

第三章　翻译教学的现状透视

翻译教学是一个由不同成分组成并相互联系的整体，这个整体中的各个要素不断进行交互影响以维持整体的平衡。对翻译教学中各种现状的分析有利于进一步提高翻译教学质量，提高学生的翻译能力。本章分为翻译教学的影响因素和翻译教学的现状思考两个部分。主要包括影响翻译教学的主体因素、教材因素和环境因素，翻译课堂教学现状、翻译实践教学现状、翻译教学的教材现状、翻译教学的人文环境现状、翻译教学中学生素质现状等内容。

第一节　翻译教学的影响因素

一、主体因素

翻译教学的主体因素主要包括学生和教师。第一，人作为独立个体，具有多样性、差异性等特点。每一个学生都有自己的独特个性和学习方法等，每一位教师也有不同的翻译教学理念和翻译教学设计等，彼此相互依存且相互制约。第二，自然界中同种生物个体共同组成生物群体才能在自然界中更好生存下去，同理，在翻译教学中也存在着学生群体和教师群体。群体内部或群体之间有竞争，有合作，有依赖，有制约，关系较复杂，但是和谐共生，协同发展。第三，在翻译教学中，学生群体和教师群体共同组成一个群落，涵盖师生之间各种教与学的动态关系。因此，只有两个群体之间互补并和谐共存，才能生成优良的翻译教学群落，促进翻译教学的可持续发展。

（一）学生因素

学生作为师生活动的主体，其行为表现、情绪状态以及对自身认知资源的利用，都对师生翻译活动产生多方面的影响。对教师反馈和学生参与的互动产生影响的学生因素主要包括学生的心理因素和能力因素两个方面。

1. 心理因素

学生的动机和学习态度是心理因素层面较为关键的影响因素，二者会影响其在翻译学习中的具体行为，这也会进一步体现在学生对于教师反馈的回应过程之中，具体表现为学生对翻译教学的意志努力程度。

首先，学生的动机能够影响自身的意志努力程度，一些同学能够意识到翻译学习的重要性，也会因此投入更多的心理努力。

其次，学生对于翻译学习的态度也尤为重要。学生自身的学习态度也是影响学生参与的因素之一。学生的态度不仅会对自身参与产生影响，而且也会间接影响教师反馈。学生的动机及态度不仅仅会影响自身参与翻译教学的过程，也会间接影响教师教学的情绪及态度。

综合来说可以发现，学生的动机和学习的态度会影响自身的意志努力程度，从而对师生在翻译教学中的互动产生一定的影响。因此，教师需要在教学中引导学生树立正确的学习观，激发学生的学习兴趣。

2. 能力因素

能力因素主要涉及学生的翻译能力、学习能力以及交往能力，这三项能力影响学生进行翻译学习时的情绪、对教师反馈语的理解程度及学习策略的使用。

翻译能力是学生在进入到真正的翻译场域之前所具备的前提条件，与其过往的外语学习经历息息相关。翻译能力既包括学生的语言表达能力，也包括学生的谋篇布局以及思维能力。学生的翻译能力会影响学生在具体的翻译过程中的情绪以及对反馈语的解读。

学习能力则是指学生在进行翻译学习以及完成新翻译任务的过程中，对知识的理解能力、运用能力以及解决实际问题的能力。这主要是指学生自身对于外在环境以及内在认知资源的利用，具体指其如何进行知识理解和运用，遇到实际问题时采取何种解决策略。学生对知识的理解运用以及解决问题的策略都会对学生进行翻译、利用教师反馈进行翻译学习的过程产生影响。

交往能力具体涉及生生交往和师生交往两个方面。生生交往可以影响学生翻译学习的方方面面，生生交往促进了学生之间的信息交流，从而使得学生在进行翻译学习的过程中获得了较多的外部支持。生生交往的影响还体现在学生在翻译学习过程中对于教师反馈语的理解。除此之外，学生参与也会受到师生交往关系的影响。师生交往比较密切的学生更倾向于就教师的反馈语与教师进行交流沟

通，深化对教师反馈语的理解。总的来说，学生交往能力中的生生交往以及师生交往对学生进行问题解决、增强学习信念及提升翻译能力具有潜移默化的影响，所以应鼓励学生学会沟通，敢于沟通，乐于沟通。

（二）教师因素

教师作为师生活动的主导角色，对师生之间的交往活动具有重要的影响。在翻译教学中，教师专业性会对教师反馈和学生参与及师生互动产生一定的作用，教师专业性主要包括教师的专业精神、专业知识和专业能力三个方面。教师的专业精神包括教师的教育信念，体现为教育观和学生观，还包括专业态度和动机以及自我发展的意识；教师专业知识则包括普通文化知识、专业学科知识及教学法知识等；而教师专业能力则包括一般能力和特殊能力，而特殊能力则具体指教师的教学及科研能力。教师话语因素在翻译教学中也有着重要的作用，除此之外，教师的工作量也是影响教师反馈的重要因素之一。

1. 教师的专业性

（1）教师的专业精神

①教师的教学态度。教师严谨认真的教学态度促使学生对翻译学习怀有热情，从而充分利用教师反馈来提升自身的翻译能力。教师治学严谨、认真的教学态度对学生的学习行为起到一定的规约作用，也促进学生对翻译教学怀有较高的价值认同感，同时激发学生的学习热情。除此之外，学生也会以教师为榜样，从教师榜样中获得力量，这对学生自身的学习态度的改善都会起到一定的促进作用。教师的教学态度对学生有很大的影响。教师作为学生学习的榜样，一方面要树立威严，规约学生的行为，另一方面也要通过树立榜样，为学生起到示范作用。

②教师的学生观。在教师的认知中，应该要培养什么样的学生？以什么样的方式进行培养？对学生怀有什么样的期待？这对其在教学中所选择的方法、表现出的教学行为是有很大影响的。教师针对语言问题倾向于使用间接反馈的方式，对于非语言问题倾向于使用中性评语的方式。教师的学生观直接影响了教师针对语言类问题的反馈方式，而针对非语言点的反馈以中性评语居多，同样体现了教师的学生观。教师认为大学生应该是具有独立思考能力的个体，其思维也处于较高的水平。不管是教师还是家长，在这个过程中都应该持有民主开放的态度，应认识到促进学生思考远比获得标准答案更重要。教师对语言和非语言反馈方式的选择所呈现出的特征都体现出了教师的学生观。

（2）教师的专业知识

翻译专业教师的知识包含多种要素，其中必不可少的就是教师自身的语言知识和教育学相关知识。教师自身的知识水平是影响教师进行反馈的重要因素之一。在学生的认知中，教师的翻译教学水平较高，应该以教师为权威，以教师的答案为标准进行翻译学习。所以，教师应该加强自身的学习，提升自身的知识水平。在翻译教学中，教师的专业知识不仅会影响教师反馈的质量，而且也会影响学生翻译质量的提升，尤其是在权威型教师引导的翻译教学活动中，教师的翻译知识水平对学生参与所带来的影响更为深广。

（3）教师的专业能力

教师专业能力中的翻译教学能力以及人际交往能力会对教师反馈和学生参与产生影响。具体表现为学生在利用教师反馈进行翻译学习的过程中对反馈语的理解程度及出于自身意愿所努力获得的教师支持两个方面。首先，教师的教学组织能力会影响学生对教师反馈语的利用。教师的教学能力能够帮助学生提升对反馈语的理解，从而促进自身翻译能力的进一步发展。其次，教师的人际交往能力，即与学生进行交往的能力对学生的翻译学习具有一定影响。可见，师生之间的交往有利于消除学生对教师的距离感，这使得学生在利用教师反馈进行翻译学习时乐于向教师请教，解开迷惑。

总而言之，教师的翻译教学能力以及与学生交往沟通的能力会对学生参与的态度、情感以及行为等方面产生一定影响。教师应该秉持平等交往的理念，与学生建立亦师亦友的民主型师生关系。

2. 教师话语因素

翻译教学中教师话语既是教师实施教学的教学媒介，也是教学目标和教学内容。

（1）正确且有效的教师话语

美国语言学家提出只有当学生接触到语言，才能够正确地使用语言。克拉申所提出的语言输入假说（Input Hypothesis）回答了语言学习中"怎样习得语言"这一关键问题，在第二语言习得过程中学生主要通过了解信息以及接受"可理解性输入"（comprehensible input）来学习。教师话语是学生二语习得最直接有效的途径，错误或无效的教师话语对于翻译课堂教学是有害的，语法错误、用词不当会导致学生出现困惑、无意义重复、停顿等现象。

针对这类问题，英语教师可以通过自我学习不断提升自身的英语话语水平，避免语法失误；在课前积极备课，做到了解学生实际水平和熟悉授课内容，根据学生现有水平使用学生可以听懂的词汇和语法，即使用"可理解性输入"语言，避免学生信息接收失败；进行课前预演说课，模拟实际课堂反复说课，熟练教学话术和教具的使用，在一定程度上可以规避无意义重复、停顿等失误，做到充分利用课堂时间实施翻译教学。

（2）教师话语量和学生话语量

教师是学生的"引导者"，应通过话语来组织开展教学，学生是课堂教学的"主体"，教师的课堂教学目标是使学生在知识、能力、情感等方面能力有所发展，学生的课堂参与程度直接影响教学目标的实现。教学课堂中，教师话语量远远大于学生话语量，所以，在实际翻译教学课堂中，教师应鼓励学生转变自身被动接受信息的局面，成为问题的解决者以及课堂活动的实际参与者。

关于课堂话语量，在实际的翻译教学中，教师应该减少本身的话语量，为学生创造一个表达思想的环境与机会，让学生最大限度地融入翻译教学中。教师可以通过多种形式的话语鼓励或引导学生积极思考、踊跃发言。

（3）语码转换

教师语码转换在执行教学计划、组织课堂教学和学习者目标语习得过程中，起着非常重要的作用，是教师实施教学计划的主要手段，其适切度会直接影响教学效果和学生的认知发展。在外语翻译课堂中，除却教师朗读翻译答案、重复学生翻译答案等涉及翻译文本的语料，实际上教师语码转换出现的频率较低，外语教师应尽可能使用外语进行教学，在少数情况下采用汉语则具有教学意义。教师话语的句内语码转换较多，句间语码转换次之，附加语码转换最少。翻译教师应将合理运用语码转换的三种形式，结合实际教学需求，实现课堂语码转换教学功能、元语言功能和交际功能三大功能，用以解释语法、组织课堂、翻译生词、帮助学生理解难点、拉近和学生的距离等。

（4）提问技巧

翻译课堂中教师采取提问形式，"Wh-"提问占比最大，"...night?/...ok？"的提问形式不在少数；提问类型上，展示性问题的频次远高于参考性问题；教师主要采用四种提问指向，其中"指定学生回答"的频率占比最大，并且大多数教师采用按座位顺序请学生回答或者小组代表发言的形式，"教师自答"频率次之，"学生自愿回答"和"学生共同回答"占比较小。

教师应根据实际教学情况，选取提问形式、提问类型以及提问指向。①采取多种提问形式相组合，引导学生作答，以及重复提问，采取同义转换的形式，减轻学生的理解负担，并给予学生较长的思考时间。②在能够完成翻译教学知识目标的情况下，尽可能多地使用参考性问题，为学生创设语境，鼓励学生话语输出，从而实现真实的语言交流，强化语言习得，提升翻译教学的有效性。③贯彻"以学生为中心"的教育理念，尽可能采取各种方式让学生回答问题，而不是教师公布答案，给学生足够的机会锻炼目的语的输出能力；并且根据实际情况选择"学生自愿回答""指定学生回答""学生共同回答"等其他问题指向。

（5）积极反馈并适当纠正翻译错误

在翻译教学中，教师的反馈话语对于增强学生翻译学习的自信心和兴趣都有着直接的影响。积极反馈比消极反馈更有利于学生行为，积极反馈才能够帮助学生提升完成任务的自信心，强化学习动机，有利于拓展学生的思维角度。

建议教师避免采用"简单表扬"，如"Very good""OK""Well done""All right"等机械反馈，多采取"表扬加重复"的方式帮助学生增强对正确答案的记忆，"表扬加评论"的方式可以拓展更多相关知识点，使学生对问题有更全面和更深刻的理解；"重复并进一步提问"的方式指进一步深入探究问题，使学生积极思考并加强话语输出能力。在教师指出学生的错误时，也要注意时机和语言是否妥当。很多学生在翻译教学中经常是被动地去纠正错误回答，教师可以采用"引导学生自我纠正"的方式，通过给予学生一定的提示，鼓励学生再次思考，从而开展自纠。

（6）话语质量

外语教师课堂元话语在课堂教学中发挥着重要作用。元话语手段通过相互协调和相互作用，形成连贯的机制贯穿于教师的课堂话语中，服务于教学目的和任务，为学生提供"可理解性输入"，潜移默化地培养其语用能力。因此，外语教师要掌握元话语策略，优化教师话语质量。

外语教师应更多地采用"互动式元话语"，特别是介入标记的使用，将学生引入课堂互动过程中，增加师生间的互动，增强师生情感，这在一定程度上能吸引学生的注意力，使教学顺利地进行。并且教师应恰当使用"引导式元话语"，根据上下文语素、语句、语篇的关系，合理分布过渡标记、结构标记、内指标记等引导式元话语，以增强教师话语的衔接性、连贯性、逻辑性。

总之，针对专业翻译课堂的教师话语研究确实为翻译课堂教学提供了一定的启示。翻译教师可以在课堂教学中参考上述建议，以确保实施高质量的教师话语开展翻译教学活动。

二、教材因素

随着翻译教学的发展，外语教材建设也取得了较快的发展。但从翻译方向的角度来看，虽然关于外语口语、阅读、综合课等课程已经形成了较为成熟的教材，但对于翻译方向的学生和教师来说，教材的选用和二次开发仍然还存在着一些需要调整的部分。

（一）教材的时效性

目前教材中存在普遍的一个问题就是，内容老旧、信息时效性较差。教材内容中不乏具有较强政治色彩的政策或发言，这些虽然有助于学生了解社会现实情况，但是却没有跟上时代和社会变化的脚步，与当今社会的实际情况不符合，甚至有较大的差距，信息真实性和实用性也不强。此外，许多文学方面的阅读材料选取的也是较早的文学经典著作，虽然名著的意义深远，但是与当下文学的流行趋势相距甚远，在一定程度上也不利于调动学生的学习兴趣。

翻译方向的教材应该是时代发展的产物，翻译专业的目标是为社会发展提供人才服务，所以，翻译教材也应该随着社会的发展而变化。虽然我们可能没有办法在短时间内总结出使翻译方向的教材编写达到理想水平的最佳编写体系，但是应该尽快着手对翻译方向的教材编写进行研究，以便早日总结出经验、成立体系，编写出具有时效性、实用性的教材。

同时，随着互联网的迅速发展，新媒体网络成为人们获取最新信息的重要渠道。在增强教材编写时效性的同时，可以积极开发、利用优质的网络资源，从而在一定程度上弥补纸质教材内容过时、时效性差的缺点。使有限的教材向无限的优质网络资源拓宽，对教材的补充和学生的学习也会产生深远的影响。

（二）教材的趣味性

从学生学习外语的角度来看，教材的内容是否有趣至关重要，黎天睦曾评价美国耶鲁大学出版的汉语教材，称其长处是书的内容比较有意思，故事写得不错，学生很感兴趣，虽然也许在语法方面不大理想，练习不够活，会话太长，可是学生学这些书觉得有意思。何为有意思呢，就是学生对课文感到好奇，故事生动有趣，学生也许在阅读上存在困难但还是要继续看完，可见趣味性是十分重要的。

要增强教材的趣味性，根本在于教材的内容必须是学生想要学的或想要了解的，与培养交际能力紧密相关的。这样的教材对学生来说具有吸引力，能长久地使用并发展下去。初级阶段教学重点在于教授一些实用的语言知识，通过语言课的学习打好基础，同时练习要多样化。对中高级阶段来说更加重要的是通过知识课教学介绍国家文化和社会情况，特别是学生最感兴趣、最关心的问题，引导学生进行讨论、发表看法。

在翻译学习中，学习者更愿意去感知、观察外国人而不是仅仅倾听他们的语言。因此，知识课的教材不能简单地对课文内容进行叙述，应该通过提供图片、杂志、音乐、电影等丰富的资料，使得教材图文并茂、生动有趣。同时，可以从发掘学生对各国文化感兴趣的重点出发，引导学生发表感受，这样既能学习文化知识，也可以提升学生语言表达的水平，一举两得。

（三）教材的针对性

随着全球化战略的不断推进，在进行经贸合作的同时也促进了国家之间全方位的交流与发展，但同时也带来了一些严峻的考验，在外语翻译方面也对高水平的翻译人才产生了大量的需求。同时，翻译教材的编写也应该引起相关部门的重视，好的翻译教材对培养优秀的翻译人才起着非常重要的推动作用。因此，在教材内容的选择上注意要有一定的针对性。

同时，翻译教材的编写和选用要注意以学生为本，站在学生的角度来选材。翻译教学针对的是及国家，信仰及宗教。因此，在教材内容的选择上，应选择富有文化特色，能够引发学生兴趣，促进不同文化间的理解与沟通的内容，但同时要注意不要触犯不同文化的禁忌。教材应多考虑人们的文化通感，要让学习者在学习外语时感到人文性，从而使翻译学习走向国际社会。要有针对性地介绍不同国家、不同文化之间的差异与不同，促进国与国、人与人之间的包容和理解，为提供经济全球化所需的翻译服务打下坚实的基础。

（四）教材的实用性

教材的内容跟学习者的学习目标越一致，其实用性就越强；偏离学习者目标的教材缺乏实用性，偏离得越远，实用性就越差。现实中的翻译工作涉猎内容广泛，学习的知识范围也不能过于狭窄，如果教材的内容大部分侧重文学翻译或某一类翻译，而缺乏新闻、法律、经贸等其他方面内容的话，就会不利于学生了解不同翻译方向的工作，导致学生在日后实践中缺乏相关经验，不利于翻译工作的开展。

翻译方向的教材在内容和练习设计方面应该坚持实用性的原则，以更加实用的内容为主，包含各类题材，这也是全球化战略发展的需要；其次，翻译教材的内容和练习还要注意以交际为目的，在讲解词句翻译的基础上，使学生体会具体的交际背景，体会翻译的特点、方法和技巧，促使学生在表达上更加流畅，增强翻译的交际性。对翻译方向教材的实用性予以重视，通过教材中的真实事件，使学生了解身边人和身边事，通过实际事件激发翻译兴趣，开发语言应用能力。

三、环境因素

任何翻译教学活动都是在一定的环境中进行的，翻译主体的发展受其影响，因此环境是翻译教学中除了主体以外的另一重要组成部分。教学环境，作为翻译教学中联系主体的中介，涉及人文环境、物质环境和制度环境。其中，人文环境包括师生关系和外部支持等；物质环境包括学习场所、工具材料等；制度环境包括课程体系、教学内容、教学方法和教学评价等。

第二节　翻译教学的现状思考

一、翻译课堂教学现状

整个课堂教学实际上是师生、生生之间互动的过程，课堂互动所涉及的范围很广。课堂教学的互动性不足是目前大多数类型课程中普遍存在的问题。无论在语言课还是知识课中，教学形式大多采用教师讲授、学生听记的方式，师生之间的交流和互动较少。

在课堂互动中，主要分为师生互动和生生互动，目前大多数师生对于师生互动达成了较为一致的共识，认为师生互动是有必要的，教师可以通过提问了解学生掌握的程度，对出现的错误及时纠正，学生则可以通过师生互动对自己的学生成果进行查漏补缺，及时提出自己的疑问。但实际课堂中经常会出现教师提出问题，却没有学生愿意主动回答的情况，使得师生之间的互动缺乏积极主动性。在课堂互动中，教师可以打破"教师提问—学生回答"的传统教学方式，尝试用多种不同的课堂互动模式来活跃师生互动的氛围，为学生提供真实、有趣的语言交流环境，激发学生的主动性；同时，教师还应该掌握提问的技巧，根据问题的难度，给学生适度的引导和不同的思考时间，鼓励学生主动进行提问。

在生生互动方面，很多师生表示目前的互动还很不足，有学生表示"只听老师讲课，知识容易忘记，如果能让学生运用老师教的知识，能说出来给别的同学讲明白，这样我们会更记得住"。造成生生互动不足的原因，不止受教师教学法、教材内容等因素的影响，线上课程客观条件的限制，也导致生生互动难以展开。例如，北外中文学院的翻译阅读课中设计了一项课后活动，请国籍相同的学生在客观条件允许的情况下一起拍一支视频，内容为介绍疫情下本国某城市现状，学生表示这个活动深受同学们欢迎。因为可以和同学们合作，相互促进、相互学习，这使他们不仅在完成任务的过程中动力十足，而且通过实地考察和汇报，便收获更加丰富。

翻译课程与教学存在一些普遍的问题，阻碍了翻译课程的建设和教学质量的提升。如对翻译方向教学的指导思想不够明确，外语翻译方向人才的培养究竟要达到什么目的？是以翻译为教学手段来提高学生的外语水平，还是把翻译作为一门系统课程，来提升学生的翻译能力？在目前外语翻译教学中，重语言知识教学，轻翻译技能培养的情况比较明显。

翻译教学中的小语种教学的问题，主要是我们的课程存在因"人"而设的情况，从事翻译教学的一些教师可能也在一定程度上缺乏翻译理论素养和翻译实践经验，教学中也存在"摸着石头过河"的情况，这就要求我们的教师在教学法的选择和应用上多加考量，通过实践总结教学经验，找到与课程、教材相匹配，适合学生的教学方法。

采用多样的教学法，可以加强师生之间、生生之间的交流与互动。传统的教学方法是教学中不可缺少的教学方法，但与此同时学生们仍然希望教师能够在教学过程中给他们增加表达机会，引导学生多输出、多表达，教师进行及时的纠正和总结。除了传统教学法，教师也可以多多尝试其他教学方法，如翻转课堂教学法，以学生为中心，激发学生学习的主观能动性，同时还可以满足不同水平学生的学习要求，最重要的是有助于学生表达能力的提升。

翻译教学中教师也肯定了传统教学法在教学中的重要性，但同时也表示要根据课型和内容采用不同的教学方法，比如"产出导向法"在口语课中就比较受学生欢迎，以预期学习产出成果为导向，通过驱动、促成和评价三个阶段，激励学生实现教学目标。翻译教学方法可以以传统教学法为主，但也应该采用其他教学法进行辅助，要既注重巩固基础知识，又能锻炼学生在实践中的应用能力。在翻译教学过程中，作为启发者和引导者，教师应更加注重学生中式交际思维的养成和语言的精准输出，增强教学的互动性。

二、翻译实践教学现状

实践需要以理论为指导，同样，翻译实践也需要以翻译理论为指导与基本保障，所以译者只有具备了扎实的翻译理论基础，译文才会真实准确、生动形象，但若在教学中却忽略对学生传授翻译理论知识和翻译技巧，仅教给其"直译法"，那么即使学生掌握了足够多的词汇和语法知识，译文也只会是生硬难读、毫无感情与活力的文字。平时，学生学习外语，会经常习惯性地把外语单词和源语翻译直接连在一起去进行生硬机械的记忆，并没有做到从语用的角度根据实际需要去学习和使用，学生只是单纯地把每一个外语单词和源语翻译——对应，所以在翻译过程中尽管学生能根据每个单词的意思看懂英文，但其译文却生硬难读，甚至语义不通，味同嚼蜡。例如，汉译英，多拘泥于汉语的行文句法，因缺乏基本的翻译技巧而出现了望文生义或"Chinglish"（中国式英语）的现象，例如，当进行词类转换、定语从句处理、主动式与被动句式转换、汉语无主句以及一些较难的修辞格的处理时。

三、翻译教学的教材现状

在翻译方向教材的选用及二次开发方面，通过教学实践专业教师总结出了一些经验。首先，在系统的课程设置和富有经验的教师教学中，在对翻译教材的选用上，教师格外注重教材的可操作性、话题实用性，教材内容贴近生活，围绕某一个具体话题展开，会更加有助于翻译教学和学生的练习。教师应根据专业方向的要求对教材进行二次开发，根据课程的目标在教材使用中有所侧重，在课本主要内容的基础上，补充相关的音视频材料，丰富教学内容。

目前翻译方向的部分教材同样存在着很多不足之处。第一，部分教材存在时效性不强的特点，如目前本校2019级翻译班报刊阅读课的教材，使用的课本是2016年出版的教材，在时效性上大打折扣，难以满足报刊阅读课的课程需求，这也使得教师需要重新根据教材主题补充最新的阅读材料，无形中增加了教师的工作量。第二，部分教材存在缺乏趣味性的问题，像历史课、概论课等课程的教材，学生普遍反映学习的课本内容比较枯燥，如若能补充相关的图片、视频资料，学习效果可能更好。第三，与课程设置的问题相类似，每一个班级的学生水平不同，选用的教材在难度上与其适配度也不尽相同。高水平学生认为课本难度低，收获不大。目前，翻译班部分课程选用的教材在难度上仍然不能满足不同水平学生的需求，如何合理地选用教材并进行二次开发，从而满足学生的学习需求，同样值得深思。

翻译方向的教材应考虑到"一带一路"的要求，在"一带一路"的背景下，根据中国的发展实际，介绍更多关于"一带一路"的相关信息。在与师生的访谈中，可以看出大部分学生对"一带一路"只是略有耳闻，对其详细信息不甚了解，而对于教师来说，虽然了解"一带一路"的政策信息，但在教学中也很少涉及。我们应该结合教材内容，在补充资料时有意识地加入"一带一路"的相关信息，加深学生对政策及其他相关信息的了解，为"一带一路"的建设输送合格的翻译人才。

要有选择地对教材内容进行删减和补充，合理地进行二次开发。教材是教师进行教学的载体，编排新颖、内容恰当的教材可以为教师提供合理的、灵活的教学支持，成为翻译教学的有力辅助。就目前而言，教材更新速度缓慢与社会发展速度加快之间的矛盾是翻译教学乃至全部教学中的一个难以避免的问题，这样的现实情况，对教师提出了更高的要求，在教材的使用中要适当删减部分内容，同时补充和更新与课程主题相关的资料。对于教材中出现的容易引起误解的部分，教师在课上要及时进行解释，避免误导学生。

合理利用网络资源，弥补教材时效性、趣味性差等不足。网络资源丰富且质量难以把控，如果只是让学生通过自主查询的方式来吸取新知识，效率其实并不高。由教师将优质的网络课程、音视频资料推荐给学生，学生再进行自主选择和学习，这可以大大提高学习的效率和质量。网络资源更新速度快，在时效性方面具有很强的优势，为学生及时汲取最新知识提供了便利的途径。同时，音视频资料的加入，也为学生提供了获取知识的新方式，通过学习好听的歌曲、观看有趣的故事，增强学习的趣味性。与课程设置问题类似，针对汉语水平不同的学生，对教材的处理也应当有所不同，如布置练习作业时，可设置选做题目，对于水平高的学生来说，可以通过拓展题目进一步检验自己的能力，对于水平较低的学生来说，保质保量地完成基础题目，也不会产生过大的负担。

四、翻译教学的人文环境现状

（一）师生定位相对僵化

教师是学生进行外语学习的限制因素之一，对学生的发展起着关键性作用。在大学翻译教学过程中，学生的课堂表现有时呈现被动的状态，部分学生不能积极参与教师的课堂互动。教师在教学中拥有更多的权威，处于权力中心的位置，主要扮演知识的传授者、课堂的组织者和学生学习的促进者。通过课堂观察发现，教师可以决定包括制定学习内容、控制讲课节奏、控制师生间交流等，应当进一步强调以学生为主体的教育观念。处于同一个教学生态系统中的教师和学生只有找准彼此的生态位才能维持系统的平衡。教师作为学生在外语学习中的限制因素，需要在当前的翻译教学中找到自己与学生合适的定位，使教师和学生的生态位处于平衡状态。

绝大部分教师都希望学生在教学过程中可以成为主动的学习者、合作者和积极参与者，但部分学生在课堂中从不或很少主动表达自己的观点和想法，课堂参与积极性并不高，基本处于被动状态。可见当前在教学过程中占据主动地位的学生呈少数。根据教师和学生在实际教学和学习过程中担任的主要角色来看，教师在很大程度上还是教学的中心，传统教学模式的影响依然存在，说明教师与学生角色方面还存在矛盾，师生定位较为僵化，学生的活力并未得到释放，因此教师和学生生态位的存在一定的不平衡，师生角色的转变还有待加强。

（二）外部支持不够充分

在学生语言应用方面，除了内部因素的作用更离不开外部的支持，教师的引导、语言的环境、学校的重视等对于学生来说都是外部的有效支持。在教学生态系统中，大学课堂对学生来说就是一个脱离了真实自然环境的人为培育的"花盆"。

众所周知，语言学习需要进行不断的诵读、练习、输出来进行巩固，教师在实施外语教学过程中对选择和邀请学生参与交流互动具有明显倾向性，因性格或成绩原因导致内敛沉默的学生在课堂中很少得到进行语言应用练习的机会，因此无法获得有效的语言输出，更不用说在课堂外主动地应用所学知识进行真实语境的练习。在课堂中主动表达自己观点并在学习过程中同时进行输出反馈的学生占比并不高。尽管有些学生在课堂中积极与教师进行互动或在考试中可以取得好成绩，但是大部分学生在课堂外却无法自主安排学习活动，在实际生活中无法自由地应用外语进行表达沟通，可以看出在当前的翻译教学中学生们几乎完全依赖于课堂教学以得到外语知识的输入，无法获得足够的语言应用机会帮助自己脱离课堂促进外语学习的发展，局限在依赖教师授课的外语课堂中的学习，造成教育生态学中的花盆效应。

当前一些学校对于外语课堂外的安排并不丰富，较少聘请校外专家来本校举办讲座或开设研讨会，这就造成了无法开阔学生视野的局面；虽然学校配备了多媒体教室和语音室，但是除了外语专业的学生，学校并没有向普通学生开放同声传译实验室，也就无法具象化地激发学生对外语应用的兴趣；学校给在校学生提供课堂外的外语应用机会较少，导致学生的外语学习基本止步于课堂。

五、翻译教学中学生素质现状

（一）学生的基础知识不够扎实

学生的外语水平普遍不高，对语法知识的掌握也是一知半解，这往往造成理解上的偏差，从而对译文的准确度产生了很大的影响，除此之外，社会对这些学生翻译能力的要求也只是限于能够翻译出工作和商业中的简单信息即可，并不要求其紧扣原文并达到"信达雅"的标准，而主要强调其能实现交际功能即可，所以他们的翻译应该起到的是类似于"交流中的高效媒介物"的作用。在翻译实践中，学生的做法往往是凭借词典生搬硬套地来译；在翻译实践中，往往受制于汉语的语法结构，翻译出来的是源语式译文，事实上，学生在学习中早已涉及很多语法点，但不少学生并未真正掌握，更谈不上融会贯通，举一反三了。翻译能力的高低，与学习者良好的语言基本功密不可分，学习者需要夯实语音、词汇、语法基础，为日后开展翻译工作做好铺垫。与此同时，学生也必须加强母语语言学习，全面提高源语能力，众所周知，源语水平的高低直接影响译者的翻译水平。

（二）学生质量层次偏低

学生之间几乎不存在智力上的差异，之所以在外语水平上有差距主要是由于学生在进行外语学习时的主观能动性、学习习惯、学习方法等存在差异。这些限制因素阻碍了学生的高质量发展。当前部分学生对于外语学习的主动性并不高，学生对于阶段性学习应有意识地对自我外语学习进度和效果进行监控，以帮助自己对课堂所学知识进行巩固理解；还有部分学生将学习外语视为一种不可抗的非主观意愿的学习。学生由于学习计划模糊以及对教师指导的依赖等，在外语学习中处于相对被动的状态。

善于对所学内容进行归纳整理对于促进学生学习是有正向作用的，可当前大部分学生都没有做到这一点，超过半数的学生没有做到温故而知新并且没有主动进行知识的连接与扩展，大部分学生对于使用所学词汇造句的学习方法的应用并不熟练，绝大部分学生并没有对自己学习进行统筹规划，且在反思自我学习方法以促进学习效率方面，大部分学生做的不是非常到位。

（三）对文化存在差异的认同意识不强

一般说来，传统的外语学习者，仅满足于学习这门语言的语音、词汇和语法，完全忽略了学习与它有关的社会文化知识，以及风俗习惯等。对一门语言的理解，首先得足够多地了解与熟悉这门语言的文化背景知识。因地理位置不同，地球上出现了中西方文化，其在缓慢的发展形成的过程中，彼此之间互相影响和借鉴。一旦对目标文化缺少了解或关注不够，就会给文化理解及运用带来困难，用中国的文化基准去衡量欧美这种西方文化，或者反过来用欧美这种西方文化基准来衡量中国文化，都将造成各种不同的误解与误译，从而给准确翻译造成实质性障碍。翻译教学强调对工作岗位的实用性，因此对文化导入做得不够，学习者文化底蕴也显得不够。不仅如此，如果本国文化在教学过程中被严重忽视，就无法对外国文化进行深入理解；应该说，在双语文化的范围内，想要准确理解外国的文化，首先要对自己本民族的文化非常了解才行。也就是，本族人从潜意识里一直都在使用自己的本族文化，所以如果不能做到对本族文化和异族文化进行有意识的对比，自然也不能发现与对比两种文化之间的相同之处和差异。总之，能正确理解本族文化，进行文化对比教学也是增强跨文化意识，提高文化差异理解能力，提高翻译能力的保证。

（四）语言学知识的匮乏

一直以来，人们都认为语言学是只有外语专业的学生才需要去学习的一门学科，然而事实并不是这样，不论哪个专业的学生多去学习一些语言学知识对提高翻译能力都是有很大帮助的，基本的词汇、语法知识在理解源语的字面意义方面是必备的，然而，要想了解原文的真正意图还需要多学习和熟悉一些语用学理论。人们在交际中，哪怕是说同一句话，也会表达不同的目的与意图，因此需要弄清楚是，语言的形式及所要体现的真实意图难以做到一一对应，即使是同一种语言在不同的语言环境中也会产生不同意义。翻译是一种社会行为，语言的社会交际功能需要通过翻译体现源语的内在意图，要想做好两种语言之间的语义转化，仅仅知道字面意思是远远不够的，因此，掌握一定的语用学知识是必须的，尤其是语境知识，是必不可少的。

第四章　翻译教学的相关内容

翻译教学中要有一定的基本理论做支撑，才能让学生在习得翻译基本理论的基础上指导翻译实践，才能培养出高质量、高水平的翻译人才。本章分为翻译教学的基本理念、翻译教学的基本原则、翻译教学的意义与模式三个部分。

第一节　翻译教学的基本理念

一、以翻译理论为先导

翻译理论在指导实践方面起着重要作用，因此，翻译教学必须以翻译理论为先导。目前翻译理论中存在着大量的、繁杂的理论，其中许多都是从宗教、文学中衍生出来的，所以把各种翻译理论结合在一起，往往会让人觉得索然无味。从文献资料看，大多数的翻译理论都只适合于文学作品，而文学作品只占翻译工作的4%，而在理论上占到90%以上的实际翻译则很少。由此可见，翻译理论与实际之间存在着不协调的关系，同时也说明了理论与实际之间的矛盾。

相比较而言，翻译功能目的论的实用性较强。翻译功能目的论认为，译本的预期目的、功能对翻译过程起决定作用，而不是作者赋予的原有目的与功能。一般情况下，实用文体翻译都具有一定的现实目的，甚至具有功利目的。这种目的可能受多种因素的影响，如翻译委托人、文化背景、译本接受者等。目的与功能是实用文体翻译的重要依据，也是功能目的论的核心。从这一角度来看，理论与实践能够很好地结合起来。

事实上，在学校里，翻译课程的主要目标就是让学生把理论应用到实际生活中去，这样就能了解到，学生学到的翻译到底是为了应付考试，还是为以后的就业做准备。因此，在翻译教学中，以翻译功能目的论为先导，对学生的翻译课程进行指导，必然会激发学生学习的主动性。

二、以语言对比为基础

翻译教学的基础在于对语言进行对比，这一点从翻译学习过程中就可以体会到。在外语学习的初级阶段，学生应该知道如果与外语环境脱离，他们常常会本能地说源语。但是，如果他们积累了一定的词汇量，则会不自觉地将外语说出来。在这一过程中，必然会对目的语语言和源语语言进行对比分析。一般来说，语言对比包含如下两点。

①同中有异。对于同中有异的分析，这里主要从语言中的介词方面进行论证。例如在英汉语言中，介词是比较常见的，有时二者的用法相同。但是，汉语中的介词大多由动词变化而来，这就导致目前很多介词无法判定为介词还是动词。而英语词汇中的介词与动词并没有此类含义。英汉介词在这一层面的差异就导致译者在翻译英语中的介词时，往往需要借助汉语的动词进行翻译。

②各有不同。各有不同的对比有很多层面，如词序、句子衔接、重心位置等。语言中的同中有异、各有不同的对比，能够让学生克服母语对翻译的干扰。

三、以翻译技巧为主干

翻译技巧是翻译教学的核心内容。这是由于以翻译理论为先导，以语言对比为基础，仅能使译者更好地了解译文，而要使译者真正地进行翻译，就必须有翻译技巧的参与。翻译教学的核心是把前人宝贵的翻译经验传授给学生，其中既包括源语知识，也包括翻译的技巧和方法。两种语言的搭配方法不尽相同，因此在翻译过程中应灵活组合。

四、以综合分析为手段

在翻译实践中，我们可以看到许多不同的译文方式。但是，对比人们运用多种翻译方法翻译出来的译文发现，只有一两个比较恰当，因此需要在翻译时采用综合分析的手段，选出最佳的译文。

采用综合分析的翻译手段要求译者从总体以及系统要素出发，做到连点成线、集线成面、集面成体，采用静态与动态分析法对其进行观察分析，透过现象发现其本质。

五、以课堂教学为载体

翻译教学需要以课堂教学为载体，因为在课堂教学中，教师通过教材讲解，可以使学生掌握翻译基础知识、基本技能。具体来说，翻译课堂教学主要包含如下几个环节。

①教师讲解。基于英汉语言对比，教师的讲解主要侧重于译例的分析，对于其中的翻译技巧教师应该给予提示，从而让学生从对翻译的感性认识上升为对翻译的理性认识。

②范文赏析。教师应该选取一些经典范文，让学生在课堂上进行赏析，以此让他们感受范文中的优美语句，同时还能掌握其中的翻译技巧，使学生在自己的作文中进行模仿。

③译文对比。教师应该引导学生对一个原文的多个译文进行对比，让他们体会不同译文的优劣，并且从中揣摩不同译者的语言及风格，汲取经验。

④学生练习。在翻译课堂教学中，学生练习是重要的环节，甚至在整个翻译课堂教学中都得以贯穿，如课前的复习、课中的提问、课后的作业等。因此，教师应该让学生自主进行练习，以更好地掌握教师课堂上所教授的翻译理论。

⑤练习讲评。当学生做完练习之后，教师要对练习进行讲评，尤其是对其中蕴含的两种语言的特点进行分析，并侧重于翻译具体问题的讲解，而不要过于纠结翻译中的细枝末节。

第二节　翻译教学的基本原则

一、遵循层次性原则

翻译教学既要遵循知识由浅入深的逻辑顺序，使之呈现出自身的系统，又要符合学生认知发展和技能掌握的过程，不可强行跳跃。层次性原则的实质包括两点：一是循序渐进，二是系统规划。

（一）翻译技能发展维度

翻译技能应依"语法—语义—语用"三个阶段发展。尽管大多数外语专业都开设了翻译课程，但有些学生的语法水平较低，经常会出现一些语法上的错误。

语法错误并不一定需要由翻译教师来纠正，学生可以互相检查、讨论、评价，然后再把语法正确、衔接合理的译文交上去，这样教师就可以把注意力放在语义和语用的层面上。在语义层面进行翻译，必须掌握正确的语法，只有正确地阐释概念、内涵、文体风格和情感意义，才能保证译文的意义不会出错。

（二）语言能力发展维度

语言能力的发展分为三个层面，即"语言结构转换""文本生成""审美表达"，翻译教学的本质在于培养学生的句子结构分析能力，这是初级和中级教学的基本要求。而在高等阶段，则是要体现出语言的美感和文本的意境。

从宏观上看，翻译教学的语言要彰显出翻译语篇的功能和翻译目的；而从微观上看，翻译教学下的译文则要语篇衔接。只有将宏观和微观两个方面综合起来，才能达到语篇语言学阶段的翻译教学要求。

在翻译过程中，翻译应具备韵律美、意象美、形象美、情感美、意境美。从总体上讲，培养学生的语言结构转换能力和篇章生产能力是翻译专业的必要条件，培养学生的审美表达能力是学生翻译能力的必要条件。

（三）翻译思维发展维度

翻译思维须按照"语言符号表征思维—图像形象表征思维—逻辑关系表征思维"三个阶段发展。同样在翻译学习过程中，学生要经历语言符号、图像形象、逻辑关系三个表征阶段的思维。

①学生的思维局限于语言形式本身，翻译中常常寻求语法成分的对等。语言符号表征思维阶段的翻译常常会导致翻译腔，译文的可读性较差，有时甚至影响表意。

②学生的思维已经挣脱语言形式的束缚，开始以图像形象（包括视觉形象、听觉形象、味觉形象、肤觉形象等）为表征载体进行译文的加工运作。这一阶段需要指导学生绕过源文的语言形式，训练他们对与语言符号相对应的形象、图景在大脑中自由映现、创造表述。

③学生的思维不仅摆脱语言形式的束缚，而且能在形象的基础上根据事物之间的逻辑关系（如因果关系、时间关系、空间关系、铺垫／主旨关系、信息值高低关系等）进行思维，并在译文中充分凸显源语的事理逻辑。

二、遵循知识性原则

建构主义的最早提出者是瑞士的皮亚杰。建构主义学习理论分为个体建构主义和社会建构主义，是隶属于心理学和教育学的学科。建构主义认为知识是人们基于原有的知识经验，对客观世界进行的解释、假设或者假说，但是随着人们的认知不断变化，也会随之形成新的解释、假设或者假说。而这种不断的变化和形成是在社会文化互动中完成的。建构主义认为在解决具体问题时需要具体问题具体分析，有一定的针对性，这对翻译课堂中问题的解决具有理论指导作用。

在解决翻译课堂教学中出现的问题时，需要针对具体问题的情境提出问题，对其原有的知识（既包括理论知识又包括实践知识）进行再加工和再创造。对于课堂中出现的问题既要从教育者本身寻根溯源，也要从受教育者方面查找原因。翻译教学专业课教师应尊重学生原有的语言知识，在课堂教学中不能"硬灌"，而是应该以其基础知识为入手点，引导学生学习，使学生吸取原有经验，主动参与教学活动，从而构建新的知识经验。

翻译教学是翻译理论、翻译方法的传递，是对翻译知识的处理和转换，教师与教师间，教师与学生间，学生与学生间，都需要对翻译问题进行探索研究，并在探索研究的过程中进行有效交流，甚至提出疑问，以求教学相长，互相促进。在课堂上学生要明白自己的身份，明白学习的过程是知识构建的过程。简单说，在课堂上学生不应简单被动地接受知识理论，而是应积极地参与课堂活动，并对教师传授的知识进行主动选择、再加工和处理。

建构主义学习理论认为，知识是学生在一定的教学情境下，在教师的帮助下，合理利用教学资源，结合自己的学习经验，通过意义建构的方式获得的。学生在本身已经具备的知识水平和学习经验的基础上建构新知识，自主学习。在翻译的学习中，学生在经济社会背景下，利用已经具备的基础外语知识和基础学科的学习经验，借助互联网等高科技学习工具获取资料，在课堂中通过教师授课、与同学交流获得翻译的理论和实践知识，而不是单纯地通过教师的讲解获取知识。因此，研究发现，建构主义的学习观点主要是强调学生的自主学习能力。建构主义学习理论经历了长足稳定的发展，在教育界占有主导地位。在教育教学改革大力实施的今天，翻译教学的创新研究依然离不开建构主义学习理论，在该理论的指导下，成功地解决了翻译课堂中存在的问题，改变了传统的教师主导地位、学生被动学习的局面，转变成学生扮演课堂的参与者、实施者等角色，提高了学生的学习主动性。

建构主义学习理论在翻译教学中十分重要，具体表现在三个方面。第一，在建构主义学习理论下，学生用已学习的翻译理论指导每个实训项目。第二，在建构主义学习理论下，翻译教学利用大数据、"互联网＋"教育进行教育的创新性研究。第三，在建构主义学习理论下，学生在学习中将知识与实践、知识与就业紧密相连，对各类型翻译文体的处理都紧跟时代发展，贴近岗位需求，不断提升自己的业务水平，提高综合能力。

翻译教学不仅仅"传道、授业、解惑"，更是基于"惑"去构建知识。在教学过程中，通过有意义的背景知识，让每个受教育的人不断发现学习中存在的问题，利用必要的学习资料和辅助手段，来探究问题相关的知识。换句话说，翻译教学需利用"环境""协作""会话"和"意义建构"设计教学目的，修改教学内容，有效分析教学目标，有效进行探究学习、支架式教学、情境教学和合作学习。

三、遵循普遍性原则

在翻译教学中，必须遵循普遍性原则。普遍性原则并不是对经验的概括，它的指导作用是在一般原理的指导下，不断地创造新的体验，使之不断地检验、调整、修正和优化。因此，在翻译教学中应遵循普遍性原则，让学生理解翻译的基本指导思想，使学生有效地指导学生的实际翻译活动，使学生从中总结出自己的经验，提高自己的翻译水平。

四、遵循交际性原则

交际性原则要求译者在翻译时以译入语读者为主要导向，要特别注意译文的准确性。译者要根据译入语的语言特点、文化背景和语用的方式来组织译文。所以，在交际性原则的指导下，译文更加符合目的语的语域范畴，也更加通顺易懂，规范自然，符合目的语的行文习惯。相对于语义翻译，进行交际翻译的译者有更大的自由度来调整译文的结构，甚至当原文中出现歧义或者错误时，译者可以去进行修正，但是最好另外加注进行解释。

五、遵循目的性原则

受不同的哲学思想、价值观念、语言文化等因素的影响，中西方翻译理论也存在极大的不同。西方国家的翻译理论包括语言学派翻译理论、功能学派翻译理论、文化学派翻译理论、解构学派翻译理论、女性主义翻译理论，其理论的关注点从语义翻译理念逐渐转变到文化、译者身份。语言学派翻译理论最重要的代表人物之一尤金·奈达提出了"动态对等"的翻译原则，从社会语言学和语言交际功能的观点出发提出"功能对等"的翻译原则。

20世纪70年代初期西方国家打破文本翻译传统，以新的视角重新审视翻译活动。詹姆斯·霍尔姆斯是文化学派翻译理论的代表人物之一，他确认翻译学是一门实证学科，认为翻译学分为纯翻译研究和应用翻译研究。自此译者更多地关注译文的应用功能。德国的功能学派翻译理论开拓了翻译理论研究的新领域，凯瑟琳娜·赖斯1971年出版《翻译批评的可能性与局限性》，提出在翻译批评中应用功能对等理论，认为功能等值是翻译的标准。汉斯·弗米尔是德国海德堡大学的翻译教师，他的理论建立在对等理论的基础上，著有《普通翻译理论的框架》。1978年他首次提出了翻译功能理论中的目的论，他认为目的决定一切，"目的法则"是翻译遵循的首要法则。"目的"含有三种意义：译者的目的、译文的交际目的、使用某种特殊翻译手段所要达到的目的，即"翻译是由客户或委托人提出要求，译者根据翻译目的和译文读者的情况，根据原作提供的信息选择性翻译原文"。

翻译目的论认为，所有翻译首要遵循的原则就是目的性原则，即翻译应该能够考虑译入语读者的文化背景和需求，满足他们的需求。翻译主要包含两个层面，一是技术层面，二是文化层面。翻译的目的主要是让外国学习者更好地了解中国文化，促进中华文化的海外传播，丰富中外翻译教学。因此，在翻译时，译者要仔细研究中西方语言和文化上的共性与个性，针对不同的内容，采取不同的翻译策略，让译文既准确又具有可读性。

六、遵循文化性原则

翻译必须遵循文化性原则。语言与文化关系密切，语言是文化的载体，而文化是语言的基础，失去了文化基底的语言也会如无源之水、无本之木一样失去活力。例如中华武术项目是中华文化的载体，包含了哲学、天文、地理、美学等诸多领域的内容，具有丰富的精神文化内涵。王亚慧教授对武术文化进行了分类：器物文化包括武术的服饰、装备、技术；制度文化包括武术的制度管理、技术段位等；精神文化包括武术思想、哲学、价值观念等。随着中国国际影响力的日益增强，加上外国的汉语学习者有一定的汉语基础，他们也期待着接触异域文化，了解外国文化也对他们的外语学习有着促进作用。因此，在翻译过程中，应该坚持文化性原则，保持民族特色，呈现源语文化内涵以及语言风格特点。

第三节 翻译教学的意义与模式

一、翻译教学的意义

翻译教学的目的是培养高质量的翻译人才，为了实现这一目的，在翻译教学中需要转变观念，不仅要引导学生掌握翻译理论与技巧，还要让学生学会独立应对各种文体和问题。翻译有一重要的特点，即它不受地理限制，学生可在任何地方进行翻译活动。这就先天解决了语言学习中地理限制的问题。翻译活动最直接的表现就是源语言和目的语言的互译。学生通过源语和目的语的互译，在两种语境中不断切换，剖析语言，理解文化，学习语言知识，在这种独特的语言环境中，让语言得到实际的使用和锻炼，从而提高语言能力。作为教师，若能结合自身经验，将翻译活动融入日常教学，则能提升教学成果，提高学生的翻译水平和翻译能力。总之，翻译教学有着非常重要的意义，主要表现在以下几个方面。

（一）增长学生的文化背景知识

翻译不仅仅是两种语言的转换，要想译出高质量的文章，就必须结合具体的文化知识。因此，在翻译教学中，教师除了教授单纯的翻译知识外，还需要融入文化的内容，既要讲授外国文化，又要将外国文化与中国文化进行对比，通过对比让学生了解两种语言的差异。因此，翻译教学有助于增长学生的文化背景知识。

改革开放之后，中国加快了进入经济全球化的步伐，如今跨文化的传播已经渗透到了我们生活的各种层面，它通过各种途径影响着我们的思维和行为方式。学生未来走向社会，面对的是一个开放的、包容的社会，他们会遇到越来越多的来自不同国家、不同文化背景的人，当他们之间需要交流的时候，对于彼此文化的学习和理解，就显得十分必要。而翻译在文化的学习中扮演了十分重要的角色。我们知道语言是文化的载体，透过语言我们可以看到它所承载的那种独特的传统、习俗以及人们对于这个世界的理解方式。翻译能让我们直接参与到语言转换的过程中，让我们看到语言之间具体存在的差异，从而进一步理解不同文化背景里的人以及他们的生活方式，开阔我们的视野。

从这点来看，翻译不仅要处理语言学习的问题，还要处理文化的问题。中国著名佛经翻译家道安说："传胡为秦，以不闲方言，求知辞趣耳。"意思是说通过语言的转换，让不懂外语的人也能明白辞趣。这里的"辞趣"就是指语言承载的文化。如果我们希望学生能识他国"辞趣"，就需要让他们明白一门语言背后的文化。所以，教师在教学中必须妥善处理和利用翻译，去表现两种语言之间存在的文化差异，以帮助学生更好地理解外语。反过来，对于文化差异的理解还能加深对于母语的理解，从而在更深刻的层面上，消除许多文化带来的误解和学习困难。

因此，我们认为跨文化学习是一个不应被忽视的学习过程。不仅在语言教学中，在其他课程的教学中，也应重视跨文化学习（所谓跨文化学习是指通过和他国文化、语言的对比学习，加深对于本国文化和语言的理解）。而在语言教学中我们更应该重视它，因为语言是文化间产生联系的最主要途径。也就是说，不同文化背景的人们，要进行有效交流和沟通，就必须掌握两方面的内容，一是彼此的语言，二是彼此之间的文化差异。因此，翻译作为一种语言学习手段，它就应当和跨文化学习紧密关联、相互依存。

（二）提高学生的语言文化修养

翻译的过程和结果被当作一种语言学现象来处理，而且，翻译还被当作在某个特定的社会和文化背景中各种文化之间的调解方式。也就是说，翻译研究的目标并不是双重文化主义，而是影响翻译好坏的各种因素。从这个层面上讲，翻译作为一种工具，可以提供给学生对于多种文化的理解，它可以帮助学生体验文化差异，并且能有效利用这种差异。也就是说，翻译是学生探究、理解并接受语言背后文化信息的重要手段。总之翻译让学生明白了世界是如此的不同，我们每个人、每种语言、每种文化都应受到尊重和理解。

另外，在专业领域，人们认为，译者不仅是语言管理专家，还是跨文化理解领域的专家。译者是多种文化之间的调解者，他们不仅具备扎实的语言交流技能，而且还拥有很高的跨文化理解能力，所以他们也被视为掌握了非语言学技能的专家。所以，作为译者如果想要在翻译中提高效率，想要创造更好的译文，那就必须精通两种语言。

作为专业翻译者，必须掌握文化知识，具备跨文化意识。那么在教学中，我们在使用翻译的时候，也应该把文化加进去，因为，我们希望通过翻译文化教学，使学生学会如何去理解语言和文化。那作为外语教师，就需要掌握语言背后的文化知识，这样就可以在教学中将这些知识传授给学生，学生也会因此而感受到语言背后不同的传统、习俗、思维方式和行为方式，而这些知识反过来也会促使学生去反思那些曾被认为理所当然的日常行为。另外，文化教学还可以激发学生的兴趣，引导他们去学习诸如"语言是如何运作的""人们是如何使用语言的"等内容。因为有了翻译，文化教学才会变得更加有趣。教师可以采用一些双关语、文字游戏、惯用语等方法，激发学生对于语言文化学习的兴趣。比如，在英语中我们会说"apple polisher"，然而在汉语中我们会说"马屁精"，像这样的例子还有很多，就不在此罗列。总之，文化教学丰富了语言学习的过程。至此我们看到，文化知识的学习，对于本族文化和外国文化的理解都有帮助。那些了解了不同文化的学生，就会知道其他人看待这个世界的方式，这些学生对于新语言的掌握，就要比同龄人好很多。因此，通过翻译进行文化教学，能帮助学生更好地理解语言，从而更好地掌握这门语言。

在翻译教学中，不仅需要确保译文完整、准确地对源语的意义进行再现，还需要保证译文与源语的风格、修辞手法等一致。因此，这就需要不断提升学生的语言修养。

在不同的文体中，需要保持不同文体语言的特色。例如，对于科普类文章的翻译，译文应该简练，避免晦涩、难懂，给读者一目了然的感觉。学生在学习翻译的过程中，往往会经过多重翻译实践和训练，这对于提升他们自身的语言修养而言大有裨益。

（三）培养学生的跨文化交际能力

无论是哪一种语言，都包含特定的交际模式。学生在进行翻译时，不仅需要掌握语言基本知识，还需要了解语言的文化差异，这样就与语言交际模式相符合。如果学生对这一交际模式不了解，即使自身掌握了丰富的语言基本知识，也很难展开地道的翻译，这样很难保证跨文化交际的顺利展开。

与跨文化语言学习相关的一个重要概念，就是文化间性。文化间性意味着，对其他文化的理解和对自己文化的反省，它在各种文化之间扮演调停者的角色。学者李迪克认为通过跨文化语言学习，学生能对自身语言和文化有更为深刻的理解，它为各种文化间的碰撞搭建了一个平台，在这个平台上来自世界的各种观点、看法、行为、模式等，都能被尊重、中和和接受。根据他的观点，我们认为，通过跨文化语言学习，可以培养学生的辩证思维，让学生用辩证的思维去观察、理解和解释我们的世界。

跨文化语言学习的目标如下：①理解和重视所有的语言和文化；②理解和

重视自己的语言和文化；③理解和重视目标语言和文化；④理解和重视如何在各种文化和语言之间进行调和；⑤把培养和发展跨文化敏感性作为一项持续性的目标。

在翻译教学中，教师不仅要向学生讲解相关的翻译理论知识，还要对英汉交际模式的差异性进行分析，从而不断培养学生的跨文化交际能力。

（四）满足社会对翻译人才的需求

近年来，随着经济全球化进程的加快，各国间的交流越来越频繁，因此，在跨文化交流中，译者的角色也越来越重要。翻译是否准确、流利，直接关系到国际交流和合作能否成功。21世纪，我们急需优秀的翻译人才。教师必须意识到学生的差异性，世界上没有两片完全一样的叶子，学生也是一样，即使身处同一个教室，他们的家庭背景、知识基础等都是不同的。即使是一对双胞胎，他们对于同一个概念的理解也会不同。教师不能天真地以为，对个别学生有用的教学策略，对其他学生也有用。教师必须充分地考虑到个体的差异所在，因材施教，从而达到相应的教学目标。因此，在进行翻译教学时，既要符合时代发展的需要，又要符合社会对翻译人才的需要。

（五）巩固和加强学生的综合语言能力

英语教学包括五种能力：听、说、读、写、译。翻译是一项重要的技术，因为翻译是一门跨文化交际的学科，因此，在翻译的过程中，学生会下意识地将所学的知识应用到笔译和口译之中。教师要从原文的语音、语法、表层含义、深层含义等方面展开教学，这对学生在语言、语法、词汇、语义等方面的学习有很大的帮助。在口译过程中，学生要通过与他人的交流，在对原文的信息进行分析的基础上，把译文表达出来。总之，翻译教学对提高学生的综合外语水平起到了积极作用。

（六）提高翻译的实用价值

如今，我们所处的世界充斥着各种文化、各种语言。在这样的时代，翻译显得尤为重要，它是各种文化、各种语言之间进行交流的桥梁，越来越多的人开始学习翻译、使用翻译，通过翻译实现交流目的，通过翻译和这个世界保持联结，从而也让翻译走出了专业领域，奔向了人们的日常生活。

如今翻译已经成了许多人的必需品，他们的日常生活和工作都离不开翻译，各个国家、公司、组织也将翻译看作重要的沟通途径，翻译在国际事务的沟通中发挥着越来越重要的作用。翻译涉及的范围也越来越广，大到国际交流，小到一场电影，都离不开翻译。

根据语言教学专家库克的研究，从小处说，翻译可以发生在各种人群、各种日常社会活动中。比如，移民家庭、国际学校、音乐、电影、电视剧、邮件、产品说明书等。从大处说，翻译可以发生在各种国际交流、各种国际事务中。比如，新闻报道、电影字幕、技术交流、书籍翻译、首脑会议、谈判条约、国家外交等。这些例子数不胜数，同时也说明翻译确实非常重要。

另外，随着互联网的持续发展，信息以电子化的形式在世界各地快速地传播，再加上电子技术井喷式的发展，使得人们获取这些信息的方式也越来越便捷、快速，可以说人类已经进入了信息大爆炸的时代。世界上每一个角落的各种信息扑面而来，面对着充满了各种语言的信息海洋，学习新的语言就显得十分必要，翻译也一定会成为未来人类接收和传递信息的主要途径。因此，面对这样一个时代，我们就必须培养学生的翻译能力，这不仅仅是为了帮助他们更好地学习语言，也帮助他们跟上世界的发展。综上，为了支持将翻译引入教学，笔者认为除了学习语言，翻译可以提供给学生一些实用的生活知识，以供他们日常生活所需。

通过翻译及翻译教学，可以使学生意识到语言和文化的多样性，同时能够让学生了解到保持自我的重要性，从而让学生享受语言学习过程。文化意识和语言知识，可以增进人们之间的了解，可以消除文化上的壁垒、语言上的隔膜。正如库克所说的那样，文化和语言是克服文化无知、偏见、不平等的重要因素。至此，我们看到翻译对于语言学习确实有很多积极的影响，和这些相比，那些反对观点似乎也无足轻重了。曾经由于语法翻译法的过于强大，人们认为翻译只在乎准确性、写作和发明语言。我们承认翻译确实包含了上述特征，但它们都只是翻译的一小部分，翻译作为整体对于语言学习的影响是十分深远的。

二、翻译教学的模式

模式，英文为"model"，有学者将其翻译为"模型"，有学者将其翻译为"范式"等。不管是哪种类型事物的发展与形成，内部组件始终具有特定的组合或者结构。而这种组合或者结构，就是大家日常生活中所提到的"模式"。现阶段，人们对教学模式的概念并没有统一的结论。查阅各类资料，当前主要有三种观点：从理论、结构和方法等方面对教学模式进行阐释。

从理论上看，教学模式指的是通过大量实践活动所形成的教学结构与组织理论。从课程理论上看，教学模式指的是在相应学习理论的引导下构建的相对稳定的学习程序和实施方法的战略体系，以实现拟议的学习目标。

从结构上看，教学模式依赖于相应的教学理念或者理论，以此为前提而构建。

从方法论看，普遍接受的教学方法被称为小方法，而教学模式则被称为大方法。教学模式并不是简单的教学方法，具有很强的整体性与系统性。

（一）过程性翻译教学模式

苗菊教授认为过程性翻译教学模式不强调翻译结果而侧重描写与解释翻译过程——结果是如何产生的。它突出的是描述译者的行为表现、思维活动、操作过程。这种教学方法的目的是逐步培养学生的认知能力、策略能力、专业操作能力和心理素质，将他们的注意力转向翻译过程、思维过程、决策过程；在开展翻译实践的同时，培养学生的翻译能力。学者李薇薇认为过程性翻译教学模式是有目标的交际活动，重在培养学生的综合翻译能力，需要学生积极参与大量的翻译实践。李薇薇认为过程性翻译教学模式是一种动态的学习，强调把教学活动放在交际环境当中，调动学生的积极性，鼓励学生自己查找更多的相关资料，开展互动学习，在教师与同学的交流中达到学习目标。

1.过程性翻译教学模式的特点

过程性翻译教学模式主要以翻译过程为导向，其出发点在于对翻译能力展开分析，进而探讨其在翻译过程中的意义，最后不断思考翻译过程中译者的思维活动、行为表现以及翻译中遇到的问题与解决方法等。因此，过程性翻译教学模式有助于提升学生的翻译能力，在翻译教学中意义很大。

过程性翻译教学模式的侧重点并不在于强调翻译结果，而在于对翻译过程进行描写与解释。具体来说，主要体现在以下几个方面。

①侧重探讨在翻译过程中重复出现频率较高的相关问题。

②对错误出现的原因进行探究。

③在给学生布置翻译练习任务之前，对学生的翻译技巧与原则等进行相关的指导。

④在翻译的过程中不仅要关注对译文的词句意义的理解，还要逐步地了解并认识翻译过程。

⑤通过对译文产生的过程做出一定的解释，便于译文读者信服与接受译文。

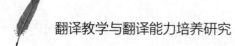

⑥形象生动地对翻译策略进行相关的描述，让学生在翻译过程中能够恰当、合适地使用翻译策略。

⑦避免将固定的翻译标准强加给学生。

⑧在译文中采用灵活多样的表达方式对译文的语言形式与意义进行分析与理解，鼓励学生充分地发挥其积极性和创造性。

2.过程性翻译教学模式的实施步骤

过程性翻译教学模式具体的流程可以描述如下。

①给学生布置翻译练习时，需要在教师的指导下做好译前准备。具体来说，教师应该提前预设翻译情境，如作者写作的意图、翻译目的、文章的写作背景、写作完成时间、对翻译的具体要求等。另外，教师还需要不断扩充学生的学习渠道，如借助网络、词典、百科全书等，对素材、术语展开分析。

②在对学生安排翻译练习任务时，还需要对学生予以引导，通过对学生展开适时的引导，让学生对即将在翻译中遇到的问题有所准备。

③灵活讲评学生的翻译作业。讲评既可以由教师讲评，也可以让学生之间互相评议。教师讲评时应当注重指导、分析、启发。可以以互动式的形式进行讲评与讨论，最大限度地调动学生参与讨论与讲评的积极性。需要注意的是，讲评时不仅要明确地指出译文中出现的错误和解决学生的相关疑问，也要及时地对学生进行鼓励，肯定其中翻译质量较高的作品，从而更好地培养学生独立思考与创新的能力。

3.过程性翻译教学模式的方法

（1）项目式教学方法

项目式教学是一种以实际翻译为基础的过程教学，其目的在于使译者能够更好地了解实际的翻译市场，从而促进译者的全面发展。陈水平教授以衡阳师范学院"专案"教学为例，对这种教学模式的优点与不足进行了分析。当学校接到翻译工作后，教师和学生经过讨论，确定了翻译的目的和要求，然后制订了一个方案，把学生分成5个大组，每个组都有一名教师带队，在规定的时间里，把翻译稿上传，然后由组长组织小组进行讨论，互相评价，然后再交给教师，由教师对这些问题进行讨论，并鼓励学生撰写翻译日志，为自己的翻译辩护。最终，将其上传到后台，等待二审、三审，最终定稿。审核委员会适时提出建议，并在需要的时候进行讨论。

大部分的学生在翻译、合作、问题解决等方面都有了很大的进步。但是由于人数、时间等因素的制约，在实际操作中，过于强调学生的核心地位，忽视了教师的角色。

（2）翻译工作坊教学方法

作为目前翻译教学的主要教学策略之一，翻译工作坊教学方法打破了传统的翻译教学模式，在教学中实现了以学生为中心，以真实翻译素材为载体，以过程为导向，以项目实践为手段，以团体协作为主要方式，注重培养学生在学习过程中对翻译任务的掌控力。

通过将翻译教学与真实翻译情境紧密对接，学生的翻译能力和职业能力得到提升。在翻译工作坊教学方法中，学生以翻译小组为基本学习单位，组员各自分工的同时又与其他成员共同合作完成教师提供的翻译任务。从操作层面来说，该模式可具体分为三个阶段和六大环节。三个阶段，即译前准备、译中实操和译后反馈。六大环节，即素材选择、分组、独立翻译、小组协作、班级展示、教师反馈。

作为一种任务实践型教学模式，翻译工作坊教学方法强调翻译实践和翻译过程，对传统教师主导的翻译教学理念进行了创新。翻译工作坊教学方法充分发挥了学生的自主性和创造性，锻炼了学生的独立思考能力和创造性思维，同时通过创设开放的、活跃的课堂学习情境，进一步激发了学生对翻译学习的兴趣和热情。此外，通过教学组织形式的创新，翻译工作坊教学方法还为培养学生的团队合作精神和责任意识，实现专业能力向职业能力转化提供了理想的实践平台，为学生未来从事职业翻译工作打下了坚实基础，同时也对培养符合市场需求的高素质复合型外语人才、优化翻译教学具有重要意义。

（3）评注性翻译和同伴互评

评注性翻译是指译者在进行翻译活动时，将译文形成的过程记录下来，标注在译文旁边，可书面记录，也可口头叙述。标注的内容一般包括译者在翻译过程中遇到的问题，对问题的思考、求证、解答过程。评注性翻译可以使译者整体把握翻译过程，也有利于教师评估学生的翻译技巧、策略使用和翻译能力。由此可见，有两个主要目的促使学生在翻译活动中运用此法。

一是使学生掌握自己的翻译过程，通过记录自己开展翻译活动时所遇见的问题及解决情况，使学生掌握解决此类翻译问题的方法，从而提高翻译理论应用能力及翻译实践能力。

二是为教师提供进行评价的材料，有利于教师判断、评估学生的翻译能力，从而确定合适的教学内容，确定下一步教学的重点，控制教学节奏。

采用评注性翻译要注意两点，一是评注哪些内容，二是明确评注意义。

同伴互评是通过引导学生互相评阅同伴译作，提出问题并给出修改意见的翻译教学活动，也常被称为同伴评估、同伴反馈。翻译中的"同伴互评"体现了自主学习和互相学习的理念。从学生层面看，大部分学生存在畏惧心理，在翻译过程中体会不到成就感；从教师层面看，因为学生的翻译出错率高，导致批阅工作耗时耗力，一些教师不愿意布置翻译任务，致使部分学生翻译意识不强。在传统的翻译结果教学法中，教师首先批改学生的译作，点评学生的翻译作业，指出学生措辞是否得当，句子表述是否正确、语法有无错误，接着教师提供范文并做分析，然后让学生模仿翻译，最后教师打分。教师把控整个翻译过程，学生不能自由翻译，因此，整个翻译过程枯燥乏味。此法忽视了翻译过程的复杂性，忽视了学生的主体性，致使学生翻译热情不高，无法保证翻译的实效性。加入同伴互评这一环节，教师便可从复杂的批阅任务中适当抽身，从而更多地关注学生的翻译过程。

4.过程性翻译教学模式的过程把控

对教学过程的严格把控包含以下几个环节：尾注要求、同伴互审、译文修改、作业批改、格式规范、时间监控、教师与学生互动和期末考试。这些教学环节分别对应了相应的教学理念和目标。

（1）尾注要求

教师要求学生在翻译作业中加尾注（或批注），将分析理解原文的过程、调查搜索过程和遣词造句的取舍决策过程体现出来。学生在翻译时，遇到了什么问题，如何进行的调查分析，搜出的平行文本、找到的证明翻译合理的证据等内容均可以写在尾注中，供教师和同学查看。尾注一般包括对于原文具体意思的分析、检索到的外文平行文本、搜索的具体方法、搜索出的证据链接和原文、图片、表格等。在何处添加尾注，尾注写多少均由学生自己决定。

（2）同伴互审

同伴互审是翻译作业中的硬性规定，要求学生在翻译完初稿后，从学生中找一位或多位审校进行互审，在交作业时，审校稿也要上交。审校需用修订格式，保留审校痕迹，并将自己的想法和思考写入批注。若审校提出了很好的建议则会有相应的加分；若审校不认真，译文中出现明显错误没有被检查出来，则审校自己的作业会被扣分。审校稿返回原译者后，译者需要根据审校提的建议进行相应的修改，译者可以采纳或不采纳审校的意见，在审校稿中可以写出自己对审校观点的看法和意见。在修改后，去掉修订痕迹形成作业的一稿，同审校稿一起上交至教师邮箱。在教师批改后，要根据教师课堂上所讲和教师的批改再次修改译文，形成二稿。二稿需要保留修改痕迹，并在修改处加入批注说明修改原因，促进学生思考。

（3）译文修改

教师十分强调译文修改，并在课上展示参考译文的形成过程。教师一般会以一个同学的作业译文为基础，经过两位教师反复修改形成参考译文发给大家，让同学看出一篇参考译文是如何修改形成的。有些参考译文甚至改了十几稿，这些修改稿件从一稿到终稿会一并发给同学，让同学们了解一篇好的译文如何打磨，在翻译过程中用词如何取舍，关键概念如何搜索，等等。同时教师也将同学们犯的各种错误总结出来，一同发给大家。在做翻译作业时，同学在完成初稿后需要找同伴进行互审，审校稿反馈到自己手中后进行相应修改。上交后教师和助教会进行批改，并保留批改痕迹。

（4）作业批改

批改作业时重要的不是给出正确答案，而是指出问题所在，让学生自己去寻找答案。教师直接给出答案，不一定给学生留下什么印象；让学生通过"正当程序"，亲自发现事实真相，不仅可以给学生留下深刻印象，也锻炼了他们调查研究的能力。这样即使他们今后离开学校，也可以不依靠教师独立作战。批改作业时，凡是有疑问的地方，教师要把疑问提出来，让学生查证。查证的结果，可能证明教师的质疑是错误的，也可能证明教师的质疑是有道理的，而通过查证，学生也找到了正确的说法。教师不用去查证，让学生自己做，也节约了很多时间。

（5）格式规范

教师在各个细节方面严格要求学生格式符合规范，译文整洁美观。具体来说，页眉、行距、段前、字号、字体均有相应的规定；要求英文译文中不能有中文标点，中文原文中不能有英文标点；不能出现空格错误；在中文中若出现英文，即使是在原文中，所有英文字母和数字的字体都必须与英文译文的字母和字体相同；若原文太长，译文要分小段，小段行距也有相应规定。除了以上要求，格式要求尽可能"漂亮"。

（6）时间监控

为了使学生养成按时交稿的习惯，教师对交稿时间要求严格，每两周交一次翻译作业和阅读作业，在规定时间之后交稿都算晚交，晚交不予批改。同学们的作业要在截止日期前发到三个邮箱，因此不会出现因邮箱问题而晚交作业的情

况。若出现特殊情况，如身体不适、电脑损坏等原因导致无法按时交作业，需及时写邮件告知。

（7）教师与学生互动

首先是课上教学，教师采取传统讲课的模式，主要讲述内容为在批改作业中发现的学生的可取译法和搜索方法，作业中出现的各种问题，如何通过网络解决作业中的难点等。在课下，主要通过邮件进行交流互动。教师给学生发的所有邮件会公开发给所有人，包括作业批改内容和与学生讨论问题的往来邮件等。公开所有邮件方便了同学们互相学习、互相借鉴，找到差距，取长补短。每位助教在批改完作业后都要针对批改情况列出同学们的共性错误，并在邮件中写出来，通过阅读这些邮件可以让同学们从不同的角度来看待翻译问题。这一做法使得学生的学习对象从教师一个人转为参与到作业项目中的所有人，包括其他助教和每个同学。

（8）期末考试

期末考试是一学期过程性教学的最后一环。期末考试的内容不是新的翻译材料，而是同学们整个学期中练习过的资料。这样设置期末考试是考查大家平时是否认真做作业，也就是对学习过程的考查。期末考试是学校的要求，所以必须考。但考试成绩好坏，实际上是平时作业的反映。可见，期末考试如此设计依然是对平时学习情况的考查，是过程性教学的一部分。

（二）翻转课堂翻译教学模式

1.翻转课堂概述

（1）翻转课堂的源起

翻转课堂刚刚起步时，被应用在美国科罗拉多州的伍德兰帕克高中，教师面临着如下问题：由于种种原因，部分学生没能按照规定参加相关活动，很多学生大面积旷课，导致学习成绩不理想。这种现象持续到乔纳森·伯格曼和亚伦·萨姆斯开始使用计算机记录回放和解释PPT演示文稿，并帮助了学习有困难的学生。把拍摄的教学视频上传至互联网，主要目的是帮助那些由于各种原因没有听讲的学生，使他们掌握相关的知识。随着时间的流逝，两位化学教师逐渐开始利用学生在家中观看视频和听解说来指导和帮助有学习困难的学生。随着学员越来越多地通过教学视频参与在线学习，他们开始每天定期上传教学视频。这种模式得到了大家的广泛认可与肯定。这种教学模式的出现，颠覆了传统的教学模式，其他国家的专家与学者也在不断模仿。

（2）翻转课堂的概念

传统课堂模式是教师带领学生学习，所有的知识都是在课堂上完成的。不同于传统课堂模式，在翻转课堂中，教师在课外布置学习任务，然后让学生自己来消化，等到回到课堂中，大部分的时间则是教师进行答疑，或者学生进行课后问题讨论。

自翻转课堂教学模式形成以来，国内外众多学者都曾下过定义，我国最早对此研究的学者张金磊曾在研究中定义："翻转课堂通过对知识传授和知识内化的颠倒安排，改变了传统教学中的师生角色并对课堂时间的使用进行了重新规划，实现了对传统教学模式的革新。在翻转课堂中，信息技术和活动学习为学习者构建出个性化协作式的学习环境，有助于形成新型的学习文化。"总之，翻转课堂的翻转就是将知识学习的过程和知识传授的过程翻转过来。将"先教"变成"后教"，将"后学"变成"先学"，课前教师在学习平台上分享这节课的视频学习资源，让学生在家里完成课前练习并给教师反馈，之后教师根据学生的学习情况，来设计课堂上学习什么内容。课堂上，学生通过教师的讲解和答疑进行练习，最终达到知识的巩固和内化。

（3）翻转课堂的特征

翻转课堂教学模式第一个特点就是师生角色定位的转换，在传统的课堂上，教师根据大纲制订教学计划再在课堂中统一传授，课后让学生通过作业方式来形成知识的内化。教师在整个课堂中是引领者、决策者，是整个队伍判断正误的人，这也就使得课堂中很难有第二个声音，学生是课堂中的跟随者，而翻转课堂和传统的教育形式截然不同，教师和学生之间的地位发生了改变。教师是课堂资源的提供者，是课上答疑的帮助者，而学生是学习的主体，可以自由地表达自己的观点。

第二个特点就是对学生和教师的要求更高，传统课堂中教师要事先备好所有的课，不需要使用特殊软件，只需按照教案按部就班讲解即可。但在翻转课堂中教师需要将学生自主学习的课程利用软件提前录制完毕，发放到学习平台上，还需要根据学生线上练习完成的情况，继续进行下一步的课上教案设计。对于学生来讲对自制力要求更高了，虽然学习方式更自由了，但是要自主完成一部分内容，要求自律自觉地学习，当然教师也会用练习和作业等方式来约束学生，但对学生自身要求也是必不可少的。

第三个特点是教师和学生的互动率提高，课堂环节丰富。在传统的课堂中，不仅师生交流少，学生间的交流更少。如果使用翻转课堂这种形式，那么学生在课前、课后交流的机会变多，学生和教师回到课堂上的交流也变多了。课堂讲授形式不再是教师一方教授，而是双方互动进行学习。

（4）翻转课堂的基本步骤

借鉴翻转课堂的实践经验可知，翻转课堂教学一般包含六个基本步骤。

第一，制订计划。展开教学之前如果没有明确适当的计划，不可能取得较好的学习效果。确定使用何种形式展开该课程，以此预判教师在学生学习完课程之后能取得的学习成果。如果能达到这些目标，将对制订及指导本课程教学计划有极大的帮助作用。

第二，录制内容。确定了学习计划后，教师亦可依据计划创建教学内容。教师可以采取录制视频的方法来创建。

第三，分享内容。教师确保创建的教学内容可供查看后，应积极与学生分享。可借助有效的学习管理系统，将学生以教学班为单位添加至课程中。在此过程中可以提出监督和互动功能，确保掌握学生登录、查看、完成分享内容的每个环节。

第四，确认检测。并不是所有的学生都能有效地完成任务，因此教师应该建立一种有效机制确认学生已查阅内容并及时完成，而利用简单的在线小型测试并将测试分数添加到学生活动中，是一个有效的手段。

第五，分组监督。大多数在线学习，课前活动均要求将学生分成若干组。在观察检测结果时，可以将学生与学生之间的指导分组进行额外调整，以此确保每位学生都在进步。

第六，讨论总结。在学习活动结束时，将学生以小组的形式召集在一起，通过观察学生的学习步骤，有针对性地向学生提问，此时教师要组织学生做的是讨论总结而不是演讲。

（5）翻转课堂的优势

①不受时间和空间限制。由于翻转课堂很大程度上依赖于网络软件和平台，这就使得学生不需要按时坐在教室里进行学习，学生可以根据自己的时间随时随地学习。此外，学生可以反复回放自己不懂的知识，而不像传统课堂中对于学生听不懂的问题，由于受教学时长的限制，教师不能反复解释给某个同学听。

②课堂形式灵活且氛围有趣。在翻译教学课堂中，教师往往运用多种教学法来使整个课堂氛围融洽，使学生自愿投入其中。在学习第二语言的过程中，这种教学形式能够激发学生的兴趣，从而达到无意识识记的目的。因为学生是在轻松愉悦的氛围中完成识记的，往往能给学生留下深刻的印象。学生自觉自愿地选择

课前学习，再回到课堂上和教师一起讨论，极大地丰富了课堂形式，提高了学生学习的自由度。

③改变师生角色并审视教师的能力。在目前的教学环境中，人们越来越关注将课堂还给学生，以学生为主体地位，而不是简单地教师在上面讲，学生在下面听。翻转课堂可以突出学生的主体地位，更加注重学生自己学，自己分组讨论解决问题，教师不再是领导者，而是"引路人"。学生可以直接在平台上反映自己的问题，体现个性化，教师依据这些问题重新设计教学活动，更加体现了"以学生为中心"。此外，教师在制作视频的过程中也可以重新审视自己的教姿教态、语言规范，避免故步自封、止步不前，不断提高自身能力。

④激发学生的兴趣并提高课堂效率。传统教学模式由于时长的原因，教师往往集中授课，这就使得学生上课时长长，容易产生厌烦情绪。翻转课堂形式多样，时间自由灵活，有松有弛，能激发学生的兴趣。学生自觉主动地接受知识，反复观看不懂的知识点，如若自己解决不了，及时向同学和教师反馈问题，使得发现问题和解决问题的速度提高。学生再回到课堂上有针对性地进行练习，这样练习的时长也会增加。对对外汉语教学而言，口语上的练习往往比教师单纯地讲重要。要将每一次翻转课堂都变成学生自己的个性课堂，使学生有所收获。

2. 翻转课堂教学模式

翻转课堂教学模式以建构主义和认知发展为理论基础。建构主义代表心理学家维果茨基提出了"最近发展区"理论。"最近发展区"指的是学生在独立的学习过程中达到的现有水平和在教学后产生的学习潜力之间的差异。在该理论的指导下，教师在教学过程中应该注重学生的"最近发展区"，不断激发学生的学习潜力，提高学生自主学习的积极性。此外，从皮亚杰的认知发展理论中我们得知，学习是动态的，学生学习的发展是学生"认知冲突"出现的结果，因此学生在课前接触到学习材料，产生"认知冲突"，然后教师在课上进行答疑，促使学生获得知识。

翻转课堂教学模式在语言技能教学中起着重要的作用。学者沙迪谷认为人类创造语言的目的就是为社会提供交流。如果没有语言，就不会有任何交流。自语言诞生以来一直在人类生活中发挥着重要的作用，阅读、翻译、听力和口语四种语言技能在任何语言学习中都起着至关重要的作用。因此，在二语习得时，教师应努力为学生提供必要的条件，帮助他们有效地学习语言，并取得理想的结果。成功的教学必须是涉及四种语言技能的整合。教师应该为学生制定有针对性的指导方针，并逐步培养他们用目的语沟通的技能。沙迪各认为，语言课堂上培养语言技能的教学活动具有许多价值，可以为学生创造使用目的语交流的环境，增强学生学习目的语的信心。学者迪贝特认为掌握四种基本技能是了解语言的标志。了解语言使学生能够理解任何单个单词、句子或语法规则的含义。大量的文献表明，使用翻转课堂教学模式对学生的四种语言技能的学习有积极的影响。

近年来，为了研究翻转课堂是否能促进英语作为第二语言的学习和发展，很多学者进行了研究。伊耶在贾夫纳大学文学院采用了翻转课堂教学模式，以求证翻转课堂教学模式能否帮助学生提高英语水平。27名一年级的泰米尔学生参加了这项研究发现，通过调查，参与者的英语水平有了显著的进步。因此翻转课堂教学模式是一种有效的教学模式，能够促进学生语言的学习。

"翻转课堂教学模式"在中国的发展主要分为三个阶段：初期引入阶段、中期具体学科教学实验阶段和后期与其他教学模式相结合的探索阶段。

首先，在初期引入阶段，学者首次在国内引入"翻转课堂教学模式"便引起了巨大的反响。这一阶段主要是研究翻转课堂的起源、定义、理论基础以及特点等。李敬川、王中林、张渝江首次在重庆聚奎中学的课改中引入翻转课堂的概念；张金磊、王颖、张宝辉详细地阐明了翻转课堂的起源、定义与特点，并且分析了国外的教学案例，为我国日后的教学改革提供借鉴；张跃国、张渝江介绍了翻转课堂的构建主义的理论基础，深层次地剖析了翻转课堂，提出了翻转课堂是普及学生的个性化教育，不是在线视频的代名词；金陵指出翻转课堂主要是将学生与教师的角色进行翻转，将学生接受知识与知识内化进行翻转；张渝江在分析国外优秀翻转课堂的教学实录以后，总结了其优势，并提出将翻转课堂应用于不同学科的设想。

其次，在中期具体学科教学实验阶段，国内的学者们在总结理论的基础上，将翻转课堂应用于中学以及高校的具体学科的教学实践中，并对教学结果进行反思和总结。马秀麟、赵国庆、邬彤将翻转课堂应用于北京师范大学信息技术课教学中，构建了有效的教学设计，并且成功组织教学，最后对翻转课堂应用于大学信息技术课教学中的优势和局限性进行了反思；汪晓东等人将翻转课堂教学模式和专业英语教学相结合，通过实践教学和对学生满意度的调查，证明了该模式有利于提高学生的学习成绩，并给出了详细的教学设计；刘震、曹泽熙将翻转课堂教学模式应用于大学思想政治理论课上，将传统课堂灌输式的教学模式改变为互动式，提高了思想政治理论课的吸引力和学生参与课堂的积极性。

最后，在后期与其他教学模式相结合的探索阶段，越来越多的教育者将翻转课堂和最新的科学技术相结合，对混合型的教学模式进行研究。张其亮、王爱春认为翻转课堂是一种新型混合教学模式，是将传统的线下教学和线上教学相结合的产物。二人将混合式教学理论和翻转课堂相结合，构建出具体的线上、线下相结合的教学模式并应用于具体的教学实践中。胡杰辉、伍忠杰在翻译教学的实践中结合 MOOC 和翻转课堂教学模式，受到了学生的一致好评。王竹立、李小玉、林津将翻转课堂和智能手机科技与"互联网＋"课堂联系起来，提出了高科技下教育变革的新趋势。

3. 翻转课堂应用于翻译教学中出现的问题

（1）教师课前对学习内容的编排与设计不合理

第一，教师在备课前与学生未充分沟通。课前教师与学生的沟通不充分主要表现为在正式实施翻转课堂教学模式以前与学生沟通不充分。在正式实施翻转课堂教学模式之前，与学生的交流是线上沟通，虽然已将该教学模式向学生以书面的形式进行解释，学生也表现出了很强的学习兴趣，但是并没有逐一询问学生对课堂具体过程还存在哪些疑问，这就导致个别同学对教学过程的某些具体环节产生误解。

第二，未测试评估课前师生交流平台。课前教师并没有对多种线上交流平台做测试评估，只是使用微信向学生发送课前学习视频，以及学生向教师发送课前作业和课前任务反馈单。微信作为一款新型社交软件可以在线沟通和分享文件，但是对文件的大小、文件停留时间以及文件格式有一定的限制，而且会有很多不确定因素导致文件的丢失。学生经常因为更换移动设备、清理手机内存以及不小心删除了聊天记录等导致课前学习视频、作业和任务反馈单丢失。目前国内线上交流的平台有很多，腾讯会议、钉钉等，它们对上传文件的大小、停留时间以及格式的限制很小，教师在今后的教学设计中可以考虑使用该类线上办公软件。

（2）学生课前自主学习缺乏主动性

第一，学生学习的主动性不强，缺乏有效的课前反馈和监督机制。个别学生"踩点儿"提交作业反馈，从对学生提交作业反馈的时间可以看出学生对于课前自主学习的主动性不强，缺乏有效的监督机制，这样就导致教师审阅作业的时间不断被压缩。虽然在课前给学生布置了作业，也能从作业的完成情况上大概判断学生对知识的掌握情况，但是不能完整地记录学生观看课前视频的过程。因为缺乏有效的课前反馈机制，对学生观看视频花费的时间、有无完整地观看视频等具体学习过程都无从得知。如果课程设置在确定使用翻转课堂教学模式后，在一定的经济技术支持的条件下可以创建一个汉语国际教育云平台，分别设置教师和学生账号。教师可以登录云平台上传课前学习视频，发布作业并对学生的学习情况进行监督管理。学生在使用云平台学习时，如果未学满相应的课时则视为不合格，学习时间达到一定时长才可以提交完成。教师可以导出学生的学习时间、作业完成情况、易错题分布等统计数据，直观地了解学生的学习情况，也可以设置留言板。在视频下方，学生既可以提问，也可以发表对课前视频的评价。

第二，学生课前作业没有统一的评分等级，没有相应的奖惩机制。这就使个别同学不重视课前学习，学习态度不端正。对于课前作业的评分标准，教师可以设置评分标准，这样可以更好地对学生的学习情况做统计，以便后续对结课时的成绩进行统计。

（3）课上活动设计不合理

在设计课堂活动之前没有做充分准备，课堂活动设计缺乏灵活性。课上的教学部分主要分为复习语言点、解答疑难问题、讲解课文和对话练习四部分。由于部分教师缺乏教学经验，对课堂节奏把握不准，以至于每个部分的教学时长都有一定的拖延。尤其是在对话练习部分，学生自由分组时，并不是每个小组都由水平相对较高的学生带领，所以就导致个别小组的练习时间延长，其他小组提前结束。此外，由于有些学生在开展对话练习时遇到问题没有主动向教师提问，所以在最后的展示环节会出现一些语言点以及发音的错误。这就要求教师在设计课堂活动时充分考虑到课堂的多种不确定因素，对潜在发生的情况提前进行预判，这样才能使课堂活动有节奏、灵活地、顺利地进行。

翻转课堂的实施不会一蹴而就，不论是教师还是学生都需要勇敢尝试、努力适应，在前进的道路上不断改进和完善教学设计思路和步骤。教师应该多与学生沟通，听取他们的想法和建议，多与其他教师交流教学经验，取长补短，并多上网查阅资料，不断提高自己的专业技能水平。

（三）竞合探究翻译教学模式

1. 竞合概念

竞合即竞争与合作，二者并行不悖，是对两方或多方关系的一种阐述。两方或多方既在竞争中合作，又在合作中竞争。竞合这种关系早已存在，但直到竞争合作理论出现才逐渐明确。换句话说，在竞争合作理论出现前，竞合关系即已存在。很多人都听说过中国古代的行业组织，即会馆或公所，还有行会这种手工业者的同业组织。相对于会馆或公所，行会更贴近于具体的个人层面，因为其大都由同一行业的、具体的从业人员所组成。行会可以订立本行业的规则，也就是所谓"行规"，要调解行会内部的纠纷，在行会与外部发生矛盾的时候还要进行交涉。行会可以较为有效地保护行会内部个体的利益不受外部侵犯，时常还会阻止外来同行的竞争。在一个行会内部，每个个体之间就是明显的竞争与合作并存的关系，而行会组织在我国隋唐时期就已经出现了。

以上是古典意义上的竞合。而物极必反，垄断使得行业的发展变得不健康，一些垄断组织为了保护既得利益而阻碍新技术的应用，伤害其他群体的利益。尤其是以计算机为代表的信息技术的出现，普通消费者与企业等组织之间的关系终于出现了巨大的变化。由此开始，为了在新时代继续做好企业经营活动，现代意义的竞合概念出现了，也可以说是古典竞合概念在现代环境条件下的再发现与再利用，本质仍然是彼此之间既合作又竞争的关系，并逐渐向各个层面延伸，包括个人层次。

竞合源于合作竞争理论，源于对竞争对抗性本身固有的缺点的认识和适应当今复杂的经营环境，理论研究对象为企业。目前学术界对于个人的竞合能力尚没有一个明确的定义。谭焱良、周原宇认为："竞合能力是指竞争合作能力，特指在竞争中合作、在合作中竞争、在竞合中发展的一种能力。这种能力具体包括竞争拼搏能力、团队协作能力、沟通交流能力、组织领导能力、资源整合能力以及与竞争对手的亲和力等，在现实社会中发挥着竞争、合作、立人的作用。"竞合能力是学生在竞争中合作、在合作中竞争，在竞合中发展的一种必不可少的能力，这种能力包括很多方面的能力，如沟通能力、合作能力、竞争能力、人际关系处理能力、心理分析能力等多方面能力。竞合就是要找到与个体互补、相互帮助的伙伴，最后通过合作来达到双方共赢的结果，促进自身能力的发展，营造良性的竞争环境，以便共同适应学习、生活和工作的环境。

竞争能力与合作能力可以看作既竞争又合作的能力的分支。因为只有具备良好的竞争能力与合作能力，才能有良好的既竞争又合作的能力，否则必然会出现不平衡，竞争时无法战胜对手，合作时又不能发挥自身在团队中的作用。

2. 竞合探究翻译教学模式的内涵

竞合探究翻译教学模式源于美国著名教育家布鲁纳的"认知发现说"，该模式是在合作学习理论的基础上，引导学生自己发现问题，从而培养学生的竞争意识、进取精神以及合作能力，使学生不断适应当前翻译市场的要求。

该翻译模式主要是通过学生之间的合作与竞争等一系列活动来完成对翻译任务的研究和探讨。其中合作的形式多种多样，如人机合作、师生合作、生生合作、异质学生合作、同质学生合作等。在研究和探讨的过程中，学生采用的形式也是多样的，如组间讨论、小组档案等。

另外，在该翻译模式中，教师主要扮演任务分配的角色。在布置任务之前，教师应该对学生的特点以及教学的内容有一个整体的把握，进而针对学生的特色与内容设计任务，形成任务包。任务包应该保证目的明确、主题清晰，以培养学生的探索能力为宗旨。学生可以在多媒体软件的帮助下，以小组合作等形式来完成任务。教师从旁边对学生的任务完成情况进行监控与指导，最后对学生的成果进行评估和反馈。

3. 竞合探究翻译教学模式的理论基础

（1）合作竞争理论

合作竞争理论的出现是因为企业或其他组织认识到了竞争本身的固有缺陷，所以为了适应当今复杂的运营环境，必须将业务活动变成可以实现双赢的、特殊的非零和博弈。中外都曾经出现了类似的理念，如行业公会，公会内部、公会外部其实都是竞争与合作并存的关系，竞争对手面对相同的风险有时也会守望互助。但这种理念并不清晰，有时甚至不是源于对这种关系需求的认识，而是一种"抱团"的行为惯性。现代合作竞争理论思考的对象是网络时代的企业如何创造和获取价值，其思考结论就是强调合作的重要性，也将竞争改造为一种新形式。现代的竞合概念比以往任何时候都更加清晰明了，与传统的公司战略过分强调竞争有着非常明显的区别。

合作竞争理论的代表人物是耶鲁大学管理学教授拜瑞·内勒巴夫和哈佛大学企业管理学教授亚当·布兰登勃格。随着多年来越来越深入的研究，研究者认为利益主体间的竞争有利于利益主体内部成员积极性的提高，其他利益主体内的合作竞争情况也影响该利益主体内部的合作竞争程度；合作中利益主体把其他利益群体的活动视为正外部条件，竞争中利益主体则将其他活动视为负外部条件。还有人认为，新型企业没有明确的界线划分，其作业过程、运行系统、操作及全体职工都应与顾客、供应商、合作伙伴、竞争对手相互作用和有机联系在一起，企业必须走出孤立交易的圈子，进行相互联合，获取竞争优势。

合作竞争理论虽然源于对企业经营活动的重新认识，但企业经营活动是由具体的人来执行的。具体的人不了解、不认可合作竞争理论而企业反而在合作竞争理论的指导下表现优秀是不可想象的。将该理论进一步下沉，是适合个人之间的竞争合作的。如同部门的两名员工之间，虽然可能都要争取升职加薪，只有一个人能率先实现这一愿望，但竞争的结果并非一名员工升职、另一名员工离职这种零和博弈，而是一名员工升职，另一名员工的能力在竞争中也有所提升，使得其在面对下一次升职机会时占据了与更多人相比相对有利的位置。

（2）可持续发展理论

可持续发展理论是指既满足当代人的需要，又不对后代人满足其需要的能力构成危害的发展理论，以公平性、持续性、共同性为三大基本原则。其最终目的是达到共同、协调、公平、高效、多维的发展。

可持续发展理论是以另外一些理论为基础的，包括经济学理论、可持续发展的生态学理论、人口承载力理论、人地系统理论等。也有人进一步总结出了可持续发展理论的核心理论，为资源永续利用理论、外部性理论、财富代际公平分配理论及三种生产理论。在1987年，世界环境与发展委员会即对可持续发展给出了定义。至此，可持续发展理论的表述方式已经成型。后来又经过长时间的发展，其内涵不断丰富，而且呈现出的特色也多种多样。比如我国，就从古人的思考方式中汲取营养，以自己的方式来理解和认识可持续发展理论。

可持续发展理论的内涵与竞合概念联系最为紧密的两点是共同发展与公平发展。共同发展将地球作为一个复杂的巨型系统，每个国家或地区则是这个巨型系统下不可分割的子系统。每个子系统与其他子系统发生联系、相互作用，一个子系统发生问题，会通过传导导致其他子系统紊乱，最终影响到整个巨型系统。公平发展针对的则是世界经济发展的层次性，层次性本身是客观产物，是应该接受的。但如果这种层次性的形成与发展不够公平，则代表着部分国家或地区的发展是以损害其他国家或地区的发展为代价的。而过度竞争、缺少合作是共同发展与公平发展的大敌。循着这两类内涵继续向下，则每一个子系统还可以一直细分，直至个人。最终，个人之间和谐、正常的既竞争又合作的关系，成为共同发展与公平发展的最根本的基石，是落实可持续发展理论的必然途径。

（3）双赢理论

双赢理论也被称为双赢思维。这是一种基于互敬、互惠的可以涉及各个层面、各个角度的理论，包括企业组织之间，企业组织与个人之间，个人与个人之间。根据角色定位的不同，双赢理论有不同的表现形式。比如生产经营者与消费者或企业与其中的员工。不论在哪个层面、面对何种形式的二者关系，双赢理论都是重要的。因为利益冲突是这个世界的常态。比如生产经营者总是渴望能够赚取更多的利润，而消费者最希望的是商品与服务能够物美价廉甚至免费。为了维持正常的经营活动，最终使每个人都能从经济活动中获益，必须遵循双赢理论，因为只有这样才能实现冲突各方的利益均衡，找到他们之间的利益支点，最大可能弥合冲突。

与合作竞争理论相似，双赢理论也是从博弈理论中逐渐推演出来的。在博弈中，参与博弈的各方是相互竞争的关系。因而彼此间如果只有博弈，则必然会因为各方强弱不同而产生各方收益的不均衡。这种不公平，不仅会侵犯弱者的利益，最终还会反噬到强者的身上。从小的团队到大的国家或地区乃至整个世界，都会在这种趋势下遭受严重的挫折。不论企业组织或个人，总是希望得到利益的最大化。追求赢的结果，这无可厚非。企业组织或个人获得发展是一种本能，但如果在追求最终胜利的竞争中忽略了合作，伤害了其他相关方的利益，这种胜利是不可能长久的。因此，双赢理论强调企业组织与个人发展不能只看自己有没有利益可图，而是要从更高的角度将彼此看成一个集体，共同构成一个巨大的团队。通过有效的合作，皆大欢喜的局面是可能出现的。这一点与可持续发展理论中的共同发展内涵有异曲同工之处。

（4）战略联盟理论

战略联盟理论也被称为战略联盟概念，由美国数字设备（DEC）公司总裁简·霍普兰德和管理学家罗杰·奈格尔首次提出。他们认为，战略联盟是指两个或两个以上的公司，其运营实力大体等同，以共同的战略利益为基，通过各种合同和协议而形成的具有互补优势、共同承担风险，生产要素水平式双向或多向流动的一种较为松散的合作模式。联盟伙伴不改变自身的所有权或所有权互相渗透，资源有可能会共同使用，共同追求同一个战略目标。战略伙伴关系中的两个或多个参与方可以属于同一行业或不同行业。目前来看，即使双方或多方的运营实力差距比较大，同样可以形成战略联盟。

目前关于战略联盟的定义还存在很多不同的解释。但在任何一种解释下，共担责任、相互协调都是战略联盟的基本形态或作用。从它所诞生的企业经营场景来看，战略联盟理论在一定程度上模糊了企业组织之间的界限，但它并没有无视联盟内部的竞争关系，彼此之间实质上是既合作又竞争的关系。联盟伙伴虽然在部分领域中进行合作，但在共同战略以外的领域以及在企业活动的整体态势上仍然保持着经营管理的独立自主（实际上即使是共同战略以内的领域，联盟伙伴一般也不会出现甲是乙的附庸的情况。在如何进行相互协调这一问题上双方是平等的，自主做出决定，只是会更多倾听其他各方的意见而已），相互间可能是竞争对手的关系。

　　战略联盟理论同样可以从企业组织推及具体的个人之间。个人竞争最恶劣的情况是恶性竞争，如互相举报、拆台，双方或多方要么因恶劣的行为表现共同被企业等组织所淘汰，要么只有一方胜出，然后给企业等组织带来不良的内部风气，随着其影响越来越大，最终难逃被清理出企业等组织队伍的命运。所以个人之间组成既合作又竞争的战略联盟同样是十分必要的。

第五章　翻译教学的系统化学科建设

翻译学科是我国高校外语学科中与语言服务行业接轨最紧密的学科，承担着应用型人才培养的重任。纵观全球翻译学科发展现状，我国在翻译学科建设方面还有很大的改进空间。通过对翻译教学的系统化学科建设情况进行深入的研究，可以为翻译学科建设做好良好的奠基环节，从而推动新时期翻译专业建设，满足国家对应用型人才的需求，彰显翻译专业建设的内在规律。本章分为翻译教学的学科定位、翻译教学中教材编写改革、翻译教学中课程设置问题、翻译教学中专业建设问题四部分。

第一节　翻译教学的学科定位

为了保证恰当定位学科，除了进行相关社会需求和个人需求分析之外，还要了解该学科的专业发展趋势，包括毕业生当年的就业率、5～10年内的报酬、发展前景等。但目前翻译专业尚不完善，对就业趋势等方面的大型调查研究需要时间、人力、物力等，个体很难完成。

在调查翻译专业建设基本情况的基础上，可以从以下几个方面进行具体阐释，梳理一下翻译专业的内在属性、学科地位等问题。

一是了解内在属性，推动翻译专业发展。处于新发展阶段的翻译及翻译学科应该主要体现思想性、时代性、流变性和实践性。这几个属性相互关联，内在统一，共同规定了新发展阶段翻译及翻译学科的内在禀赋、结构功能、价值取向和建构力量。

①翻译作为人类文明交流、互鉴与建构的重要实践活动，思想性当是其核心属性，包括思想内核、理论旨趣、价值追求、理论渗透、思想建构等。在新发展阶段，翻译及翻译学科的思想内核从内外两个方面考虑，应当涵盖如下三个方面：第一，积极应对"百年未有之大变局"；第二，着力推动并实现中华民族伟大复兴的中国梦；第三，参与并积极构建"人类命运共同体"。

②翻译作为人类文明交流、互鉴与建构的重要实践活动，具有鲜明的时代性。在我国大踏步赶上时代的历史进程中，翻译学科和其他诸多学科一样，都为此做出了积极而重要的贡献。立足新发展阶段，着眼未来第二个百年奋斗目标，翻译学科自当砥砺奋进，勇于担当时代责任和使命，力争做出不负时代重托的新贡献。

③翻译作为人类文明交流、互鉴与建构的重要实践活动，体现了鲜明的流变性。"经济全球化"是塑造当今世界基本属性的重要因素，而翻译学科及其实践活动则是其动能之一。其赋能的主要方式便是不断创新翻译范式，不断更新翻译内外要素的关系模式，推动跨文明、跨文化和跨语际之思想、知识和学术资源的高密度流动，并以此持续地作用于经济全球化进程，和其他动能一道，积极参与塑造人类社会赖以生存的未来新世界。翻译学科顺应新形势，其"聚合"和"聚变"便成为一种历史和现实的必然。也正是在这个意义上，"流变"才必然成为其本质属性和内在规定，而基于"跨界流变"的翻译学科异态纷呈，也就成为一种历史和现实的必然。

④翻译作为一种能动的建构力量，其实践性不言而喻。当今世界，"变"是主题。身处"百年未有之大变局"，紧跟中华民族伟大复兴的历史进程，见证构建"人类命运共同体"的历史壮举，翻译及翻译学科自当知行合一、经世致用、体用并举，真正践行自己的能动禀赋和实践品格，做出积极贡献。

二是确定学科地位，促进翻译专业发展。在传统的外语教育体系中，翻译课程所占份额较小，翻译课教师、翻译教学研究的地位较低，容易被忽略。而随着翻译学地位的上升，尤其是翻译成为新的本科试点专业后，已经逐步摆脱了语言学、文学等的藩篱，拥有独立的教学研究领域。有的学者认为应该在一定市场调研的基础上，根据国家目前和未来的发展需要，组织专家学者制定专业教学大纲，在专业建设中发挥地域特色，丰富专业发展形式（如发展翻译产业等）。建设翻译精品课程，鼓励翻译教学改革立项，以保证翻译人才培养的质量。

第二节　翻译教学中教材编写改革

一、教材概述

（一）教材概念

在教育研究领域，有关教材的定义存在着多种观点。《中国大百科全书》从广义和狭义两个方面解释了教材的概念，认为狭义上的教材指根据一定的学科任务，编选和组织具有一定范围和深度的知识与技能体系，一般以教科书的形式具体呈现；广义上的教材是教师指导学生学习的一切教学材料，包括教科书、讲义、讲授提纲、参考书刊、辅导材料以及辅助材料（如图表、教学影片、唱片、录音和录像磁带）。

《教育大辞典》将教材定义为教师和学生据以进行教学活动的材料、教学的主要媒体，是达到教师预期的教学目标，根据实际课程和学生的特点而使用的与课程教学相关的教与学的材料，是教师和学生之间关于知识与技能、过程与方法、情感态度与价值观传递的媒介、载体，是依据课程标准编制的、系统反映教学内容的教学材料。

（二）教材观

1. 理性主义课程理论下的知识本位教材观

理性主义可以上溯到柏拉图和亚里士多德所处的时代，那时的先哲认为真知来自理性世界，与生活经验无关；感觉只能给人们提供错误的建议和指导，只有理性的知识才是无所不包的完美的永恒真理。

中世纪的经院哲学，更是把理性和宗教结合起来，把理性主义建立在神学的基础上。从近代开始，理性主义成为一个完整的哲学派别，笛卡尔、莱布尼茨、康德等都是主要的代表人物。笛卡尔是近代唯理论哲学的第一代表人物，他提出"天赋观念"说。笛卡尔认为一切真知都是由简单自明的观念演绎出来的，理性知识是可靠的，感觉是会欺骗我们的，是靠不住的。

从古希腊哲学对世界本原的追问，到中世纪对神学彼岸世界的论证，再到近现代科学对客观规律的孜孜以求，人类借助理性构建了一幅波澜壮阔的世界图景，凸显了人的主体性。

从本质上讲，这里所提到的理性主义课程理论下的知识本位教材观就是知识本位的教材观，这在所有教材观中属于最早的一种。"让学生获取知识是教材的主要作用"，这是德国赫尔巴特学派的一个重要观点。教材的实用价值及其所呈现的具体内容是教材的主要价值。在编写教材时，应与学科内在的知识逻辑相适应，这被称为教材的"逻辑式组织"，而这种教材的知识逻辑性和系统性会对学生心理的组织和程序产生直接影响。

知识本位的教材主要包括三种类型，即学科浓缩型、学科结构型和多学科综合型。由于理性主义知识观和课程观的影响，"教科书即真理"的知识观长期存在于教学实践中。这种知识观把教科书看作真理的化身，知识不容置疑。在这种知识观的影响下，教师变成真理的代言人，教学过程变成了"授—受"的传递过程，学生发展如何只能通过知识掌握多寡来体现，教学的价值就在于培养社会所需要的"技术人""会行走的书橱"。

2.结构主义课程理论下的教材观

经验主义课程观和教材观及由此掀起的进步教育运动持续到20世纪50年代末。随着苏联人造卫星上天，美国面对苏联在太空科技的全面超越，开始对国内轰轰烈烈的进步教育运动进行反思，最后出台了《国防教育法》，开启了以布鲁纳为首倡导的结构主义课程改革。

布鲁纳认为，"不论我们选教什么学科，务必使学生理解该学科的基本结构"。这些基本结构是指学科的基本概念、基本原理及其相互关系。以布鲁纳为代表的结构主义教材观强调教材要关注学科的基本概念、原理，并按照学科知识的内在逻辑进行编排；同时，也强调教材的"螺旋式"编排，以便符合儿童的认知发展规律。

美国心理学家奥苏贝尔是一位具有世界知名度的教育心理学大家，同时，他也是结构主义教材观的代表人物之一。奥苏贝尔认为教材编写首先要确定学科的基本结构，即那些具有高度概括和包摄水平的基本概念、原则和原理。在教材编写时，可以基于学科知识的核心结构采取"逐渐分化"和"整合协调"的原则进行编排和衔接。"逐渐分化"是指先让学生学习包摄性强的、最基础的知识内容，然后逐渐学习具体的、具有场景化的知识；而"整合协调"则要求对学科知识进行纵向或横向的梳理和加工，以便使学生将新旧知识产生联系，并逐渐生成个性化的知识网络。

结构主义课程理论下的教材观重视学科的基本概念和基本原理，主张按照螺旋式上升的原则组织教学内容；十分重视学生的学科智能发展；在教学中以学习间接经验为主，并且重视教师在教学中的主导作用，这一点与杜威的经验主义教材观是相悖的。

3. 建构主义课程理论下的教材观

建构主义的学习观认为知识是主体与客体相互作用的结果，知识学习是生成的、理解性的和情境化的，强调学习素材和外部环境对学生学习的支持作用。建构主义课程理论下的教材观关注知识的情境化和来源，以及教科书知识选择的心理依据。

建构主义课程理论下的教材观关注学科知识的情境性，注重将知识还原到具体的生活场景，让学生在丰富的学习环境中建构知识；同时重视教材中知识编排的心理基础，以及内容呈现方式的图表化、场景化、动态化、视频化等。因此，建构主义课程理论下的教材观在教材内容上强调知识的生成性、境遇性和建构性；在教材内容编排组织上重视学生的生活经验和心理特点。建构主义认为，教学即对话，因此特别重视教材的对话功能；认为教材必须具有满足学生的自主探究和同伴的合作探究的功能，教材不仅要支持教师的"教材"，还要支持学生自主学习的"学材"。

4. 人本主义课程理论下的教材观

人本主义课程理论下的教材观是以人本主义心理学作为其理论基础的，人本主义心理学重视个体对事物的独特感知和理解，重视学习的内发性、自由性、情感性、向善性。人本主义课程理论下的教材观是在经验主义和建构主义的基础上发展起来的，强调教材要体现学生的主体地位，教材编写要体现"学生对教材的个性化知觉"，必须"符合学生的生活经验"，注重个人对知识的独特表达。

人本主义课程理论下的教材观借鉴经验主义，强调以学生为中心，在教材内容遴选上重视学生的生活经验与体验；在教材编排组织上重视知识、技能和方法的学习与情感态度、价值观的整合；强调教材促进学生终身发展的作用。

二、翻译教材的改革思路

（一）教材编写和选择要更聚焦

首先，应针对不同学科、不同阶段、不同用途的学生编写层次分明的翻译教材，其目标、内容、方式、难度应适应所设定的学生。翻译教材编撰应以学生为中心，针对不同类型的受众，编写分层次、多样化的系列教材。傅敬民和居蓓蕾教授认为，应用型本科院校应根据院校特色和学生情况，编写合适的翻译教材和教学辅助材料。

本科生、研究生、理工类专业、英语专业、翻译专业、非英语专业、翻译爱好者等都可能成为翻译教材的使用者。而这些学生的学习目标、英语基础、知识储备等存在较大差异，在编写教材时，应充分考虑这些差异，根据学生具体的个性差异，有针对性地编写教材。此外，教材难度应有一定的渐进性梯度，使教材更加系统化，便于学生持续学习，也便于教师和学生选择适合自己的教材。

其次，应针对笔译、口译的不同特点，有针对性地编写教材。笔译和口译的不同特点对译者提出了不同的要求和标准，教材编写者应注意突出二者不同的行业标准，有针对性地培养学生的翻译意识和译者能力，而不是将二者混为一谈或厚此薄彼。

（二）加大对翻译教材体系的研究力度

教材体系是一个开放性的概念组合系统，其体系结构的形成不仅要使所选取的概念、理论、事实和方法有机联系，形成一个科学的教学体系，而且还要正确地反映该学科发展的现状与趋势、适应专业培养的目标和要求、与本专业其他课程相配合、适合学时分配和学生具备的专业基础知识。

由此可见，教材体系的科学性和合理性对教材的编写起着至关重要的作用。翻译教材的编写体系也应遵循这些特点。在编写翻译教材的过程中，编者不仅应该考虑到翻译教材的整体布局，包括内容选择、译例讲解、练习设计等，还应注意到所选内容应具有时代性，要与时俱进。

（三）进一步发展立体化教材

随着计算机和网络技术的发展，现代科技被引入教学领域。"互联网+"的时代背景带给传统教材新的挑战。传统教材出版耗时长，知识更新速度跟不上学科发展速度，继而影响教学改革效果。学者庄智象和黄卫指出，传统教材不能反映语言的多样性；传统教材缺乏交互性，学生只能被动地接受知识，限制其学习自主性和创新性；传统教材图、文、声、像等模态各自分离，影响学习效率的提高。学者纽比认为，多媒体在提高教学效果、教学效率和学习趣味性方面具有积极作用。此外，国际出版业在电子图书制作和推广方面做出巨大转型，师生可以在相当多的国际网站上搜索到整本书的电子版，也对传统教材的出版造成影响，数字产品、人工智能服务以及大数据分析成为学生新的需求。

立体化教材早在 2002 年就已被教育部提出，与传统教材相比，立体化教材在产品表现形式和内容呈现方式上更加多元化，既有纸质教材，也有电子教案、网络课程、素材库、试题库等形式；既包括静态媒体形式，也包括数字资源媒体形式。其本质在于其内容编排与呈现方式的立体化设计，是针对教与学的一套整体解决方案。

立体化教材是立足于一体化设计的教学系统，能充分发挥各种媒体的优势，强调各种媒体的整体教学设计，形成媒体间的互动互补。充分发挥立体化教材的优势，有助于立体教学的实现。立体教学理论融听、说、读、写、译为一体，结合文化、环境和技术的教学理论，具有多模态、多视角、多媒体、多介质、多元化的特征，呈现了由静态到动态立体式科学技术衍化的过程。翻译立体化教材建设，对于改善现阶段翻译教材所存在的问题、促进翻译教学资源整合、实现立体教学等具有重要意义。

第三节　翻译教学中课程设置问题

一、翻译本科专业课程设置

经过调查发现，大部分高校在官方网站对其专业设置和培养方案进行了介绍，或者罗列了该校翻译专业的核心课程。通过对相关资料进行分析和归纳，可以发现，目前高校翻译本科专业的语言类课程设置主要有以下特点。

第一，就培养方案中的课程设置而言，现有高校翻译本科专业的课程可以按照课程属性和课程类别进行划分。就课程属性来看，可以分为通识教育课程和专业相关课程。通识教育课程指学生为完成学位教育所必须完成的课程，如政治系列课程、体育系列课程、计算机系列课程等。专业相关课程指和本专业知识、内容、技巧、理论等相关的课程。从课程类别来看，又可以分为必修课程和选修课程。

第二，就语言类课程所涉及的语种来看，多数高校的翻译本科专业课程包括母语课程、外语课程和第二外语课程。其中，母语课程主要指汉语课程，既包括传统的通识类课程，也包括根据汉语类别命名的课程，还包括以培养汉语具体语言技能为主的课程，其中尤以阅读能力和写作能力为主，如广东外语外贸大学开设的"中国文学"课程等。外语课程主要指以培养学生外语能力为主的课程，其中多数为英语。在课程名称上，既有沿用传统的外语专业和英语专业中的课程名称，如"英语听力""英语阅读"等课程，也有高校根据翻译专业特点及培养目标，开设了一些专门性比较强的课程，如"英语新闻听力""英语典籍阅读"等。

以上即为通过调研得出的部分高校翻译本科专业的课程设置情况，尤其是语言类课程的设置情况。虽然并未涉及所有翻译本科专业培养单位，但可以从一个侧面看出语言类课程在翻译本科专业的具体设置情况。

二、翻译专业研究生课程设置

随着我国研究生教育的发展，翻译已经成为热点专业或方向，因此这里简单描述一下相关研究生课程的设置原则，并尝试分析研究生与本科专业课程设置之间的关系。

戴炜栋教授等剖析了英语专业研究生教育的特点，指出研究生教育具有培养目标的研究性＋实用性、培养内容的多元融合性、教学氛围的互动合作性等特点。鉴于翻译专业实用性较强，在研究生课程设置中应该坚持发展性、多元性的原则，而且要着重强调实践性。

在实践性、发展性、多元性原则的指导下，翻译专业研究生教育作为本科专业教育的延续和发展，不但要拓展课程设置的种类，而且要在理论、材料、方法等方面充分地体现出研究性和实用性，体现出一定层次的难度和深度。

总之，翻译专业研究生的课程设置应该涵盖翻译专业、跨学科研究、翻译实务、论文写作等方面，有助于培养学生的理论研究和翻译实践能力，提高其理论水平和翻译技能。

第四节　翻译教学中专业建设问题

一、教学方法方面的问题

受到陈旧落后的教学观念的影响，传统的翻译教学方式也是陈旧落后的。部分翻译教师认为，翻译就是实现不同语言模态的转换，其转换达到词准、意达、通顺、符合情境的目标就完成教学任务了。所以他们在教学中多采用传统的教学方式，大讲特讲翻译知识点和方法，让学生以标准方法练习，经过反复的练习、纠正、评判等教学过程，使学生习得翻译技能。但殊不知采用这样的教学方式，教师成了课堂的主宰者，学生只是被迫听从教师的指示进行学习，枯燥沉闷、缺乏互动的翻译课堂限制了学生的学习兴趣，自然其学习效果就得不到保障。此外，缺乏创新的教学手段也影响到学生学习积极性的生成，纸笔和字典仍然是师生翻译的主要工具，一些教师对于互联网上出现的现代化的翻译辅助工具用之较少，更有持排斥态度的，足见教师的教学方式和手段不够与时俱进。

一些高校外语翻译教学方法存在不足，直接反映了相应的外语教师在英语翻译教学上存在不足，缺乏相应的英语翻译理论知识体系以及英语翻译教学经验，致使在实际教学中没有科学的理论知识和教学方法作支撑，一定程度上阻碍了英语翻译教学有效性的提升。高校外语教师的专业能力以及教学能力直接影响学生的学习效果，综合考评教师的翻译教学能力对于教学质量的提升具有重要意义。然而在实际教学中，部分外语翻译教师存在专业水平不高的情况，主要体现在翻译理论知识不足以及实践能力缺失，这些问题使得翻译教学效果不佳。

二、师资队伍方面的问题

翻译学科作为一门新兴学科，其专业建设处于起步阶段。随着国际交流的迅猛发展，社会对翻译人才的需求量大增，高校纷纷成立翻译学院，对翻译教师的要求更严格了。翻译师资队伍在数量、年龄、学历、素质、学术地位等方面与学科发展和专业建设存在一定差距。这里仅就学历和学术地位方面的问题进行介绍。

　　第一，学历问题。一些教学经验丰富的教师往往学历相对较低，而且受年龄、精力等制约，他们对学术发展、学术规范、学术创新等的了解需要一定的时间。具有翻译方向硕士、博士学位的教师在教学经验方面存在一定不足，且受其他因素影响较大。

　　第二，学术地位问题。随着翻译学科的发展，教师不受重视的现象有所改变，而且翻译专业的设立，使诸多翻译研究者在同一个平台上进行比评，有利于保证学术评估的公平。但不可否认，目前仍然存在轻视外语教学研究和翻译教学研究的倾向。因此，提升翻译教师的地位，正确认识翻译教学研究的重要性是需要解决的问题之一。

　　以上简要分析了翻译师资队伍中存在的一些问题，如学历、学术地位等。由此可见，我国翻译师资的素质亟待提高。教师是教育的核心，提高翻译师资队伍水平对翻译教学至关重要。

第六章　翻译人才的培养路径

随着我国与世界各国的交往越来越密切，国际影响力不断提升，在国际舞台上负责任大国的形象日益彰显，我国对高层次翻译人才的需求不断增加，对翻译人才的素养要求也不断提高。翻译人才培养模式直接影响译者的综合素养和从业能力，笔者结合经济发展需求和高校翻译人才培养现状，分析高校在人才培养目标、培养模式等方面的具体状况，并对翻译人才的培养路径提出具体的建议。本章分为翻译人才的培养目标、翻译人才的培养模式、翻译人才的多元化培养路径三部分。

第一节　翻译人才的培养目标

本部分将对《高等学校翻译专业本科教学要求（试行）》和《普通高等学校本科专业类教学质量国家标准》中规定的翻译人才培养目标进行分析，同时详细解读其笔译能力的构成。

第一，《高等学校翻译专业本科教学要求（试行）》中关于翻译人才培养目标的规定。在《高等学校翻译专业本科教学要求（试行）》中对人才培养目标做出如下规定："旨在培养德才兼备、具有广阔国际视野的通用型翻译人才。毕业生应熟练掌握相关工作语言，具备较强的逻辑思维能力、较宽广的知识面、较高的跨文化交际素质和良好的职业道德，了解中外社会文化，熟悉翻译基础理论，较好地掌握口笔译专业技能，熟练运用翻译工具，了解翻译及相关行业的运作流程，并具备较强的独立思考能力、工作能力和沟通协调能力。毕业生能够胜任外事、经贸、教育、文化、科技、军事等领域中一般难度的笔译、口译或其他跨文化交流工作。"

对翻译专业本科毕业生在笔译知识与技能方面的要求，如表 6-1 所示。

表 6-1　笔译知识与技能构成

主项	分项指标
笔译知识与技能	1. 笔译技能
	2. 笔译理论
	3. 跨文化交际能力

除了掌握笔译知识与技能外，还要求毕业生对相关语言的掌握达到熟练的程度。这里的相关语言指的是汉语和外语，即对毕业生提出语言知识与能力方面的要求，具体包括以下四部分内容，如表 6-2 所示。

表 6-2　语言知识与能力结构

主项	分项指标
语言知识与能力	1. 外语语音、词汇、语法知识
	2. 外语听、说、读、写能力
	3. 汉语知识与写作能力
	4. 语言学习能力

除了掌握语言知识与能力外，对于毕业生其他相关专业知识与技能也提出了要求，包括五类知识与能力，具体内容如表 6-3 所示。

表 6-3　相关专业知识与能力

主项	分项指标
相关专业知识与能力	1. 中外社会文化
	2. 语言学与文学知识
相关专业知识与能力	3. 计算机与网络应用
	4. 国际商务知识
	5. 公共外交知识

第二，《普通高等学校本科专业类教学质量国家标准》中关于翻译人才培养目标的规定。《普通高等学校本科专业类教学质量国家标准》中明确提出专业人才培养目标，旨在培养德才兼备，具有宽阔的国际视野、深厚的人文素养和良好的

职业道德，具备较强的双语能力、跨文化交流能力、口笔译能力、思辨能力和创新能力，能够胜任外事、经贸、教育、文化、科技等领域工作的通用型翻译专业人才。

针对上述人才培养目标，《普通高等学校本科专业类教学质量国家标准》从素质、知识和能力三个方面提出了翻译人才培养规格。其中，就毕业生的素质而言，"应具有正确的世界观、人生观和价值观，良好的道德品质；具有较好的语言敏感性和表达能力；具备国际视野、人文素养、团队精神和创新意识；具有较强的学习能力、心理素质和抗压能力"。

此外，毕业生还应掌握"语言知识、翻译知识、相关专业知识和百科知识"，如表6-4所示，并且具备"语言能力、跨文化交流能力和翻译能力"，如表6-5所示。

表6-4　翻译专业人才培养规格之知识要求

知识分类	具体要求
语言知识	掌握所学外语的语音、词汇和语法知识； 熟悉所学外语的语言学基本概念和理论； 掌握汉语的语音、词汇和语法知识； 了解汉语的演变、发展和基本特征； 熟悉不同文体的汉语写作知识
翻译知识	掌握翻译的基本概念和理论； 熟悉翻译实践的基本要求和方法； 了解语言服务产业的基本运作机制和职业规范
相关专业知识和百科知识	熟悉所学外语国家的政治、经济、文化、社会、地理、历史、文学、科技等领域的基本知识； 从事相关行业翻译所需的相关专业知识； 形成翻译工作必备的百科知识结构

表6-5　翻译专业人才培养规格之能力要求

能力分类	具体要求
语言能力	具备较强的所学外语的输入和输出能力； 能听懂正常语速的广播、电视节目和影视作品； 能读懂中等难度的文学作品、报纸杂志和电子媒体上的文章； 能准确流利地进行口头交际，系统连贯地表达思想； 能进行不同体裁文本的写作，内容充实、语言通顺、语体得当； 应具备较高的汉语水平，能运用汉语针对不同体裁、不同题材、不同语域有效地进行口头和笔头交际

能力分类	具体要求
跨文化交流能力	具有跨文化交际意识； 对文化差异有敏感性； 能采用得体的策略处理文化冲突问题
翻译能力	能够运用翻译基础理论和口笔译基本技能，使用翻译技术和翻译工具，合作或独立完成一般难度的口、笔译任务，及其从事翻译服务和其他跨文化交流工作； 能胜任中等难度的文化交流、商务会谈等场合的联络口译工作； 胜任一般难度的会议口译工作； 能胜任一般难度的政治、经济、文化、社会、科技等领域的笔译工作，要求意义忠实、术语标准、表达准确、语体得当

由此可见，《普通高等学校本科专业类教学质量国家标准》中的翻译人才的能力是狭义的范畴，仅包含翻译技能以及工具使用能力，其与语言能力、跨文化交流能力之间是并列存在的关系。

第二节　翻译人才的培养模式

一、人才培养模式概念的界定

近年来，随着国家对教育的重视程度日益提高，教育界各类专家、科研人员等就人才培养模式进行了热烈的讨论，且从各个角度对其进行探讨，从而出现了多种说法，如教育运行方式说、人才培养系统说等。可见，人才培养模式是一个与时俱进、不断发展的概念。但之所以出现了各种不同的意见，主要还是对人才培养以及人才培养模式的认识出现了歧义。那么，就需要对人才培养与人才培养模式进行区分。

人才培养与人才培养模式在概念的范围以及侧重点上并不同。人才培养即指运用科学的方式对人才进行系统化的教育与培训。其中主要涉及与所培训内容关联的特定知识，且重视相关内容的知识理论体系以及对所学课程的成绩考核等。而人才培养模式则强调运用何种方式或手段来进行人才的培养，是整个人才培养系统的一部分。其主要包括培养目标、课程设置、教育教学以及过程和质量评价等多个环节。因此，人才培养模式即指各高校在特定的教育理念的指导下，为顺利达到人才培养目标，通过一系列实施途径来进行人才培养的具体操作方式。

二、各类院校翻译人才培养模式的特点分析

（一）综合类院校翻译人才培养模式特点

综合类院校是指学科较齐全、跨学科学术知识领域的综合实力较强的大学。与其他院校相比，此类院校的特点主要体现在以下四方面。

其一，学生综合素质突出。相较于其他类型的院校，一般来说综合类院校所招收的学生的基础是非常扎实的，且学习能力突出，易于培养出高质量的人才。具体到人才培养目标上，可以发现很多综合类院校计划培养的是以国家经济建设为本位的翻译行业所需要的复合型高级语言人才。

其二，教师多是国内外杰出的专家、学者。优秀的教师具有先进的教育理念，有利于大大提高课堂的教学质量，从而顺利实现高素质翻译人才培养的目的。

其三，综合类院校在课程设置上最大的特色为偏向于开发选修课和隐性课。学科较广泛，往往涉及文、理、工、医等各类资源。教育资源的丰富直接体现在翻译专业课程设置方面，选修课程数量非常多，可供学生灵活选择，从而使学生学到各个方面的知识。通过综合类院校这个平台，翻译专业的学生可以参加校内外各种各样的实践活动以及交流项目，于无形中提升学生的翻译实践能力，这可以说是一种隐性的课程力量。

其四，综合类院校平台高、学术底蕴深厚且经费充足。该类院校的经费预算充盈，在硬件资源上不会存在缺少相应教学设备这种情况。翻译专业的学生练习所需的口译教室、计算机辅助教学所需的机房等也无须担心不足。而且由于学校本身平台的广阔，实习基地的质量较高且数量上也可以满足学生的实践需求。

因而，其与外语类、理工类、师范类等其他类院校在翻译专业人才培养模式的不同也正是由上述优势决定的。

（二）外语类院校翻译人才培养模式特点

外语类院校是指以语言类学科为特色的高校。毋庸置疑，此类高校在语言人才培养上实力是雄厚的。由此，外语类院校的特色主要体现在以下五方面。

其一，在人才培养目标方面多以培养高水平的口笔译人才为目的。如北京第

二外国语学院翻译学院英语笔译的培养目标为"培养目前国内语言服务市场所需的专业化高级笔译人才"。西安外国语大学英语笔译专业在其培养方案中这样描述，旨在培养"面向现代化、面向世界、面向未来，具有良好的品学修养和扎实的专业技能的高素质翻译人才"。"高级笔译人才""高素质翻译人才"皆表明翻译专业强调所培养的人才要具备较高的综合素质和翻译能力。

其二，在课程设置方面，外语类院校的领域较宽且重视语言类课程。外语类院校之所以非常重视语言类课程，是因为其认为语言能力对于译者来说是必备的基本素质，国外很多高校在培养翻译专业人才时也会设置相关语言课程来达到提高学生语言能力的目的。而多领域的丰富多样的选修课程使得学生选择课程的灵活性大大加强。

其三，外语类院校的口译专业也是远超其他高校的。为了提供全球一流的口译教育，北京外国语大学、上海外国语大学等一流语言类院校还设立了高级翻译学院，以培养能够胜任国际组织、国际外交及各种国际会议同声传译和交替传译工作的专业会议口译员。

其四，在师资建设方面，外语类院校不断完善师资体系，利用多渠道进行师资培训。其最大的特色为教师的职业化发展和教学过程的职业化发展。柴明颎教授曾提到过在翻译教学过程中不仅要注重培养学生，还要关注教师自身的发展，具体表现为教师带领学生去参加真实的翻译实践训练。例如，上海外国语大学的教师带领学生去联合国进行口笔译工作，在这个过程中教师和学生皆可积累许多实践经验，也同时促进了学生和教师翻译能力的提高。

其五，外语类院校语言交流项目多，国际化程度较其他类型院校来说是非常高的。丰富的语言交流项目给学生提供了大量实践锻炼的机会，使得学生在提高能力的同时也获得了很多实战经验。此外，不同院校甚至是不同国家院校之间的交流，有效地促进了课程、教学、师资等资源的优化配置，从而开阔学生的视野，促进语言学习的交流与沟通。当然，随着语言项目合作交流的深入，国际化程度也得到大大提升。

总而言之，外语类院校在翻译人才培养的各方面都具有明显的优势和其自身的特点。

（三）理工类院校翻译人才培养模式特点

所谓理工类院校，主要是指以理工类和理学、工学类专业为主的高校。从本质上来讲，它具有浓厚的学科特色，是自然、科学和科技的融合体。在培养翻译人才的实践中，理工类院校以该类院校独特的背景为依托，形成独特的教育教学特色。现阶段，随着大数据时代的到来，世界范围内的语言服务市场对科技类专门翻译人才的要求越来越高，需求量也在不断增加。因此，理工类院校遵循人才培养的基本原则和规律，形成了具有理工科特色的翻译人才培养模式。具体来讲，理工类院校的翻译人才培养模式有以下四方面的特点。

其一，培养目标上立足于为公司以及科技部门等某一领域提供语言服务的专才。该类院校非常注重翻译人才培养的专门化和特色性，结合本学校的强势学科，形成"专业＋外语"的培养模式，从而为翻译市场输出大量的翻译专才。例如，沈阳建筑大学是以建筑、土木等学科为办学特色的高校。其立足于本区域内的社会市场需求即"辽宁及东北地区的老工业基地"，且结合本校以"建筑、机械、土木等领域"见长的特色学科，培养能够"熟练掌握建筑、工程、投标等领域口笔译技能"的翻译专才。

其二，课程设置特色化且重视实践性课程。各理工类院校根据自己学校的实际情况，针对专业领域设置相关课程。此外，为打造精通专门领域的实践性翻译人才，此类院校也开设了许多能提高学生翻译实践能力的课程。如华北水利水电大学依托本校办学优势所制定的相关课程，如"水电工程英语笔译""水电工程英语阅读""水电工程概论"等，以及"计算机辅助翻译""技术写作"等翻译实践课程。

其三，行业内导师数量较多。从专任教师的数据统计情况来看："理工类院校的行业导师数量最多。行业导师不仅仅局限于语言服务专业，也包括高校语言类之外其他专业领域的专家。"学生的专业能力和职业能力的培养是理工类院校非常注重的一方面，行业内导师丰富的翻译实践经验以及专业的知识储备有益于辅助翻译专业的学生发展实践能力，使翻译教学课堂更加真实化。

其四，重视提高学生的实践应用能力。翻译专业的学生要完成向职业译者的转变，关键一环就是能在实际的翻译项目中做好自己的工作。理工类院校为了锻炼学生的实践能力，在教学模式、课程设置以及综合实践考核等方面都进行了一定的调整。

总的来说，理工类院校在人才培养模式的各个方面和其他各类高校有相似之处，但是也有自己的特色。正是鉴于其独特的理工科背景，该类院校翻译专业所培养的人才在语言服务行业中占据着独特的市场。而其"服务领域鉴于多是科技类公司，有利于加快推动科学技术领域的进步和发展。"

（四）师范类院校翻译人才培养模式特点

师范类院校即以师范教育为主要学科特色，为国家培养各类学科教师的大学。目前来看，虽然大多师范类院校没有类似综合类以及外语类院校的强大的整体实力，也不似理工科等学科倾向明显的院校有优势学科作依托，但该类院校翻译人才的培养另辟蹊径，以区域性经济发展为背景，从而形成了具有本土特色的翻译人才培养模式。具体来讲，主要有以下特点。

其一，在人才培养目标方面，地方区域性经济特色显著。随着"一带一路"和"文化走出去"等国家政策的实施，西部地区正迎来社会经济发展的新机遇，西部大开发为翻译专业的发展创造了新的市场需求。

其二，在翻译专业的课程设置方面，师范类院校呈现出本土特色。有些师范类院校还开设文艺课程、教育翻译课程，使学生的人文素养得以提升，也拓宽了翻译专业毕业生的就业选择范围。

其三，师范类院校由于其本身的特点非常重视校企合作。

总之，师范类院校的人才培养多是基于区域经济优势的特色，培养能够服务于本地语言服务市场的翻译人才。

第三节　翻译人才的多元化培养路径

一、完善培养目标

（一）制定明确的、有针对性的培养目标

基于翻译专业应用型和技能性的特征，高校应树立以市场需求为导向的人才培养理念，针对地域产业、文化特色和自身优势，制定出具有自身特色、因地制宜的创新性的应用型人才培养方案，促进翻译人才的本地化，提高其专业性和竞争力，避免人才培养单一化、同质化。

在当前的时代背景下，高校应结合翻译专业特点、地方经济社会发展需求、高等教育国家标准和翻译专业资格（水平）认证行业标准，制定适合自身发展和满足地方经济社会发展需求的有针对性的翻译人才；进一步明确翻译本科生和研

究生的培养规格、标准和类型，细化人才培养方案，突出其应用型的特点，以科学的培养目标统领和指导教学。

（二）优化招生模式，提高生源质量

情感因子会影响学生第二语言的学习动机、自信和学习热情。如果学生持消极态度会对学习效果产生负面影响，因此要避免此类情绪的产生。基于此，可以采用 ESP 理论来进行教学，这样能够更好地激发学生的积极性。

学院要发挥特色教学模式的优势，充分挖掘媒体融合的潜力，发动毕业生和校友，积极参加各种专业论坛与学术交流，加大专业的宣传力度，提高专业的知名度和美誉度，让更多对翻译感兴趣的学生知道翻译人才培养模式的特色与价值。

对于信息快速发展的今天，怎样利用好社交媒体、网络信息等进行宣传是不可忽视的。学院可以开设翻译人才培养的公众号，在社交媒体上展示学院的教学成果、学生的实践活动、培养模式特色与独特优势，还可以进行翻译知识的普及，让更多人知道翻译人才及其培养模式的发展。

二、丰富教学内容

（一）完善课程体系

ESP 理论以"需求"为出发点，即学习需求和就业需求；在充分了解和分析学生的自身需求和发展需求的基础上，结合两种需求制定符合"需求"的课程体系，为翻译人才的培养提供高效的途径。翻译人才的培养也要以"需求"为出发点，充分考量专业的需求和社会需求来进行课程结构的调整和课程体系的完善。

第一，增加更多跨学科的课程安排。在一般的培养方案中课程设置主要集中在与翻译相关的课程中，极少涉猎其他学科。但一场活动会涵盖很多方面，包括新闻媒体、人员安排与管理、文化交流等多个方面。所以，作为翻译人员必须具备多方面的知识，比如相关的新闻学、管理学等学科知识。在翻译人才的培养过程中，跨学科的课程是翻译人才的发展基石，是他们提升自我素质的重要因素。

第二，提高专业课在整个课程体系中的占比和上课频次。目前翻译人才培养模式下专业课程占整个课程设置的 1/3，以每周 4 学时的频率进行。根据相关案例的分析结果来看，部分学生表示专业课程在总体课程中的占比偏低，没有足够

的时间进行知识的吸收和消化。因此，可以对课程时间进行调整，同时可以再增加一些专业课程的设置。

第三，丰富选修课程，给予学生更多的选择空间。增加选修类课程和实践类课程，让学生更加全面地发展。可以将理论和实践结合，将课内和课外结合，将校内和校外结合。

（二）加大课程改革力度

根据 ESP 理论的特点，翻译教学针对不同的学科或职业进行设计。通过对比 2018 年与 2020 年的课程改革可以发现，与 2018 年的培养方案相比，2020 年在课程类别方面新增了专业核心课程和教育实践；在专业课程中（包括专业基础课程和专业核心课程）新增"翻译概论"等课程；限选课由之前的三门增加到五门，由偏学术科研的课程转变为"计算机辅助翻译""跨文化交际"等与专业相关度更高的课程；任选课的课程设置也更加丰富。课程体系从整体上更符合本专业的培养需求。这表明高校在进行课程改革的时候充分考虑了翻译人才的需求。但是在课程优化的过程中对于实践性课程的考虑不够充足，翻译人才毕竟是以翻译能力为落脚点的，所以高校在进行课程改革的时候也要加强对于实践性较强的课程的改革，课程优化改革的步伐可以再大一些，这样更符合翻译人才的成才路径。

高校可以在课程设置中开设双语课程（最好是全英语授课），让同学们在课程中更好地理解和学习课程的内容。

（三）加强学术研究和实践能力的有机结合

应用能力，即实践能力，是语言学习者的核心能力，也是翻译教学中重点关注的内容。翻译人才的培养核心在于培养翻译实践能力（口译和笔译）。所以，以 ESP 视角去进行翻译人才应用能力的培养，能够培养出能力更加全面的翻译人才。在翻译人才的培养过程中，教师不仅要传递学术知识，而且要给学生更多的时间和机会进行能力展示。比如，设计课堂展示环节，让学生把学到的知识用起来，增强语言的实用性。

学校可以结合自身的特色优势与社会资源积极探索合作模式，充分地利用教育资源进行人才培养。翻译人才培养对学生的翻译能力有着极高的要求，这就需要学校在培养的过程中加强对学生翻译能力的培养和训练。学校学习和社会实践就是将学术研究和社会资源结合的好方式。所以，学校可以不断搭建不同的实践平台，由课内向课外延伸，为同学们提供充足的实践机会，培养出知识与能力有机结合的翻译人才。

三、采用多种教学方法

在当前经济环境下，翻译教师要改变传统的教学方法，运用多种教学方法，利用互联网＋教学改进教学方法。

（一）运用 CLIL 教学法

内容与语言整合性学习（Content and Language Integrated Learning，CLIL）展现的是教育目标的"双重聚焦"。学者科伊尔指出，这里的语言是附加语言，即二语或外语，它是一种教学中介，借此来进行学科内容的教学。

科伊尔的这一定义意味着附加语言的实施，这与马尔什和兰赫提出的定义相似。他们提出，内容与语言整合性学习是指在两个目的范围内用外语教授科目的情况：学习学科内容，同时学习一门外语。这个定义非常强调语言学习和内容学习同时进行的情况。根据马尔什的观点，CLIL 是一种包含任何活动的方法，在活动中，外语被用作学习非语言学科的学习工具，且在这种活动中，语言和学科具有平等的地位。

基于 CLIL 教学的实践，科伊尔提出了 4Cs 理论框架，这 4 个 C 分别是沟通（Communication）、内容（Content）、认知（Cognition）、文化（Culture）。沟通指通过语言使学生进行科目的学习，强调语言的互动与强化；内容指学科内容所涉及的知识、技能和文化等，是学生在学习过程中的主题内容；认知是指学生对信息的加工、内化的过程，将信息加工为抽象概念与思维；文化指在语言的媒介下，拓宽学生的文化视角，进而发展学生的文化素养。虽然"内容"可以用来指代不同的含义，但它大多强调的是我们通过语言传达的主题或学科事项。然而，费尔南德斯等人提出 CLIL 是一种通过非语言内容进行外语教学的、广泛的、灵活的类型。它试图通过赋予学生对自己学习的自主性和自觉性来提高学生的积极性，这大概会增加实现主要目标即语言学习的可能性。

CLIL 使语言成为学习学科内容的载体，而内容则为语言学习提供真实的交际环境。在这个过程中，语言与学科内容这两个方面相互作用，同时取得进步。CLIL 基于功能语言学理论和交际能力理论，它与基于内容的语言教学、基于主题的语言教学、语言浸入式教学等教学理论一起存在于内容和语言中，但在本质上仍然存在差别。CLIL 强调的是学科知识与语言能力同等重要，而其他教学理论仍以语言技能为重点纲要，与 CLIL 所倡导的"双重聚焦"侧重不同。

由此可见，CLIL 作为一种重要的教育方法，是指使用二语或外语进行学科知识和二语教学的模式，它将学习语言本身的传统焦点转移到学习学科知识和语言的双重焦点，以提高学生的语言表达能力，发展学生的语言运用能力。这种教学方法非常适用于跨学科教学，如英语翻译教学。教师在课堂中为学生创建中英文化知识及翻译理论的交流环境，培养学生的交际技巧，学生的英语语言使用能力、口头交际能力都有提高。将 CLIL 应用于英语翻译课堂，学生可以获得真实的语言环境。例如，在讲授英语信函的翻译时，信函这个话题贯穿语言学习的始终，整节课学生都处于真实的语言环境中，这使得信函中使用的单词、语法、句子完全存在于英语语言环境中，学生可以进行目的性较强的交流，完成教学任务。此外，CLIL 有助于培养学生的双语使用能力。

CLIL 对教学内容、教材的选择、教学目标的设定、教学活动的设计都有极高的要求，这就需要教师在课前学习背景知识，课后进行教学反思和课程修改。

将 CLIL 应用到英语翻译教学中绝非易事。将语言与教学内容相结合是今后英语翻译教学的趋势，因此在高校教学工作中培养学生将英语作为学习工具来学习英语翻译知识的能力是极其重要的。

（二）运用情境教学法

1. 明确情境教学法的内涵

（1）情境教学法相关概念界定

在新课改背景下，21 世纪核心素养教育的呼声越来越高，情境教学法与新课改的教学理念不谋而合，因此，情境教学法在翻译教学中的地位也日益重要。情境教学法在课堂中的良好实施不仅能让课堂变得生动有趣，还能提升教师的教学效果。

第一，情境的概念。在《新华字典》一书中，情境被定义为"环境"，通过外界事物引起学生产生喜、怒、爱、憎、哀等心理情感，也就是蕴含在情境中的"情"，而"境"指的是疆界、边界，即有境界之意。从教育心理学角度出发理解情境，它可以解释为在特定情况下的情感，情境是思维和其他精神状态以及由它们引起的气氛的总和，即所引起的情绪和场景的总和。

李吉林教授提出"情境教育"的"情境"实际上是教师进行人为美化的环境，是一种鼓励儿童积极参与其中的环境。这种环境根据教育目标进行了优化，充满了启发，在儿童的情感和心理上产生了适应和认同，并在真实环境与活动之间的相互作用的统一与和谐中促进儿童的全面发展。由于这种教师进行优化的环境可以实现学生的能动活动和真实环境的统一，因此可以实现激发学生的潜能和训练的统一，并最终实现素质的全面提高和人格全面发展的统一。

于一般学者而言，"情境"可以拆分为"情感"和"境界"两个词来理解。"情"由于外部的刺激而引起人产生情绪反应，常常伴随着喜、怒、哀、乐等反应，并且外化为行为动作。教师想要让学生融入情境中，就必须抓住学生的心理，在实施过程中注意在情境中引起学生的共鸣，不然，情境将很难发挥作用。学生融入不了情境，也就无法投入课堂，从而难以进入学习领会的状态。而"境"代表环境、氛围、状况。教师在创设教学情境时，要以学生的实际为出发点，根据学生的认知能力，创设出贴近生活、符合实际且具有能实现陶冶情感作用的教学环境，使学生主动集中注意力，专注于环境，在教学的具体场景中产生情感体验，激发学生的兴趣，建构对知识的理解。

第二，情境教学法的概念。根据李吉林教授的总结，情境教学法是在教学过程中，教师有意地引入生动具体、色彩丰富的场景，以一定的情感体验激发学生，帮助学生理解教学内容，并使得学生的心理机能得到发展的教学方法。情境教学法的核心在于唤起学生的情感。"情境"中最突出的特征是人为的性质，它灌输了教育者的意图，从而使学生的生活空间不再是自然状态下的生活空间，而是具有丰富的教育和美学意义。

（2）情境教学法的特点

第一，真实性。创设与生活匹配度高的、具有真实性的情境是情境教学法的本质。情境的真实性是激发学生学习的必要条件。在教学中，教师不仅要根据教材内容设置情境，更要注意结合学生的实际情况和真实需求进行情境创设。情境的真实度越高，越会吸引学生的注意力，其真实生活的代入感也就越强。因此，创设与学生生活匹配度较高的情境，使学生有身临其境的体验，不仅提升了学生的感知能力和理解能力，也可以使教师获得更加真实的教学效果反馈。学生的反馈有利于教师对课堂教学的判断和调整，从而有效地提高课堂效率。

第二，形象性。形象性既要求教师在创设情境时以教学内容为依据，又要求教师所创设的情境生动且具有代表性。教师可以运用图片、实物、视频、音乐等多种方式将教学内容通过所设置的情境生动形象地再现，使学生的学习兴趣被有效激发，自主学习的积极性被充分调动，从而提高学习效率。教师创设情境时要基于其形象性特征，高度还原课文中的场景。具有形象性的情境设置可以培养学生交流的兴趣和共情能力，潜移默化地激发学生学习语言的动力。

第三，时代性。在课堂中所创造的情境应该是现代的，是贴近时事的，教师应该从如今的时事出发，以最新的社会动态为出发点进行创设。只有与时俱进，学生才不会觉得乏味枯燥，且能提早适应这个社会。

第四，学科性。要通过教师的教和学生的学来创设情境，情境教学实施中最基础的特征就是学科性，不同的学科其情境实施的要点截然不同。教师在进行情境创设的时候必须结合翻译学科的特点来完成本学科的教学目标。

第五，情感性。教师创设的情境渗透在教学过程中的各个环节，需要着重关注学生在参与学习过程中的情绪变化。只有创设的情境具有感情，学生的情绪才能被情境感染，以促进对知识的理解。

第六，趣味性。教师在创设情境时需把握其趣味性特征，保证情境的有趣，引导学生进行趣味性学习，让学生在课堂中感受到学习的快乐。"兴趣是最好的老师"，轻松活泼的课堂氛围会使学生情不自禁地关注所学内容并留心观察课堂活动，以此培养学生的探究能力及观察能力。教师可以利用多种方法增强课堂的趣味性，如通过故事创设情境、创设表演情境或导入歌曲情境、游戏情境等，使学生在玩中学，在做中学，激发他们的求知欲和学习的热情，实现"乐学""好学"的良性循环，最终实现教学目标。

第七，交际性。教师在创设情境时应以与学生的参与和互动为根本目标，要尽可能地帮助学生融入情境。教师创设情境时需要思考如何创建出流畅、轻松的交流情境。小组表演、自由讨论等环节都能将交际性贯彻到教师创设的情境中，有利于调动课堂氛围，提升全体学生的课堂参与度，培养学生交流互动的能力。情境创设中交际性特点的重要性既体现在愉快活跃的课堂氛围中，也体现在积极主动的学生身上。学生在教师创设的情境中主动进行沟通交流，最终能够提高自身的交际能力，真正做到学以致用。

（3）情境教学法的类型

情境教学法通过在课堂创设情境来展开教学。为了激发学生内心的情感，教师需要根据具体问题选择不同的途径，来实现有效教学。

第一，知识性情境。知识性情境重点针对知识运用，教师通过将语法知识、日常生活等知识性内容融入课堂情境中，让学生在教师创设的知识性情境中去表达自身的观点和看法，通过情境中的情绪体验，促进知识向真实生活情境转化。知识性情境的创设通常以知识为基础结合相关的社会具体情境。

第二，问题性情境。问题性情境指的是通过抛出问题在课堂中呈现教学情境，以激发学生的好奇心，问题可以是教师预先设置的，也可以是师生在课堂活动中生成的。教师可以把问题难度设置为学生学习的"最近发展区"，通过把课本内容设置为"是什么""为什么""怎样做"等类型的问题，调动学生的积极性，促使学生自主思考，找到问题结果，获得知识。对于整体性的问题，教师可以让学生自己尝试解决，当学生感觉比较困难时，教师需要搭建"脚手架"，引导其分割任务，通过特定情境使学生和问题发生联系，让学生利用自身的知识结构去"顺应"或"同化"知识，将子任务——解决，随后完成整体任务，从而获得知识的迁移。

第三，文本性情境。文本性情境是指通过各种文字性材料，如诗歌、散文、调查报告、数据资料、新闻热点事件等对问题进行解释说明，使学生通过阅读受到情境的感染，并通过对文体性情境的思考来激发内在动力。

第四，艺术性情境。教师运用多媒体软件在课堂上展示优美的歌曲、影视片段、图片、漫画等情境内容来创设艺术性情境，潜移默化地唤起学生的情感。

第五，故事性情境。教师使用多媒体来呈现故事，并生动地讲述具有教育意义的故事，以吸引学生，并获取知识。随着故事情节的发展，牵动学生的情绪，使学生在情绪氛围中受到感染，进而实现情感、态度、价值观的转变，获得知识。导入情境的重点是激发学生的学习兴趣，教师讲故事是学生非常感兴趣的事情，所以教师运用故事来创设情境，对于学生持续集中注意力是一个高效率的办法。一个好的故事不仅可以激发学生在上课期间的热情和专注力，而且可以使学生在获取知识的过程中感受到学习的意义。这也是教师较为常用的情境创设方法。

第六，活动性情境。活动性情境指的是观察学生的日常动态和生活实际，在翻译课堂上，让学生以小品、情境戏剧等形式呈现现实情境，以便学生沉浸于情境中，让学生走进现实生活，思考现实生活中存在的问题，或者让学生参与到调查研究等活动中。

第七，生成性情境。生成性情境指的是在课堂教学过程中，教师通过对学生在课堂上产生的疑问进行解释说明、价值引导而生成的教学情境。在这种生成性的教学情境中，教师通过引导来让学生进行自我反省，通过学生与学生之间的辩论或者学生与教师之间的争论，纠正学生的片面认知，促进学生价值观念的转变，培养其全面思考问题并解决问题的能力。

（4）情境教学法的理论基础

①马克思主义认识论。

马克思主义认识论中的实践观指出："实践决定认识，实践是认识的基础。"

作为情境创设者，教师要学会在客观世界去寻找问题。实践是认识的来源，我们只有想要改造事物才会产生想要去接触事物的想法。《唯物主义和经验批判主义》中指出："物质是标志客观实在的哲学范畴，这种客观实在是人通过感觉感知的，它不依赖于我们的感觉而存在，为我们的感觉所复写、摄影、反映。"

情境教学法作为一种教学方法，我们必须从马克思主义认识论的实践观出发去看待问题，教学理论的创新和进步实质上就是一个反复认识和实践的过程。经济不断发展，科学技术不断进步，教学理论也要不断更新，要一切从实际出发、实事求是地探讨教学理论现代性建构的道路。

按照马克思主义认识论的真理解释，所有真理都与一个特定的过程有关，其本质是主观与客观，理论与实践的具体的历史的统一。对于过程而言，知识的认识本身就是一个无限更新、发展的过程。所以创新不仅要在教学理论上创新，更要在教学实践上创新。实现实践创新先要达到理论上的创新，理论与实践是一种相互依赖、相互促进的关系。无论是教育研究的发展还是学生的学习都是一个反复认识和实践的过程。

在马克思主义认识论中，人们认识的过程本身就存在反复和无限发展的特性，决定了其具有主观与客观统一性。只有在马克思主义认识论的指导下，才能正确发展情境教学理论，用科学的相关理论武装教学实践，激发学生的思维和学习兴趣，增强学生的学习动机。

情境教学法的设计主要源于生活中的真实事件。学生通过情境教学，可以获得直接的经验，从而得到解决问题的方法。教师可以把课堂与实际结合起来，使学生的认识回归实际，把课堂所学的理论知识潜移默化地融入学生的认知，把课堂生活中的情境内化到学生的实际行为中，使学生在面对困难时，能利用所学的知识解决问题。

②建构主义学习理论

对于最早倡导建构主义学习理论的教育家皮亚杰来说，儿童的心理发展理论是最为代表性的观点。皮亚杰认为学习本质上就是一个"自我建构"的过程。个体通过认知结构的能动性进行"顺应""同化"来适应新环境和新事物。维果茨基的最近发展区表明了学习的实质在于激发学生的积极性。这些理论使建构主义学习的观点进一步得到发展。

建构主义认为："世界的存在是客观的，对世界的理解和意义是人们自主建构和解释的。"建构主义学习理论不是通过教师传输学生被动接受来完成的，而是学生根据他们以前已经积累的经验去建构新的认识，不断用建构的方式去重新认识和理解他们所处的客观世界。

2.优化情境教学法的应用模式

（1）从学生的实际需要出发，创设真实丰富的交际情境

在翻译课堂教学中运用情境教学法，教师应注重学生的个体差异，灵活掌握教学要求，激发学生的想象力和创造力以及练习的积极性。教师可以提前了解学生的心理动向及兴趣爱好，根据教学内容创设与学生生活匹配度较高的较为真实的交际情境，引导学生自主交流。教师创设交际情境时既要以教学内容为依据，也要兼顾学生的翻译学习需要，增强针对性，注重提高准确率。

每个班级留学生的国别不同，因此性格、习惯和需求也是大不相同的，这就更需要教师从他们的真实需求和兴趣出发，创设真实丰富的交际情境，引导学生交流。

（2）激发学生交际的积极性，创造生动良好的课堂氛围

调动学生学习的积极性，提高准确率，是翻译课堂上创设情境的目的。教师要做到以学生为主体，在课堂上注意以多种形式引导学生，促使学生主动用英语进行交流。教师应从激发学生用英语交际的积极性出发，创设生动良好的课堂氛围，比如创设游戏情境、表演情境等，在导入时也可以用谜语、故事导入，渲染课堂氛围，使学生积极主动地参与课堂交际活动，提升学生的课堂参与度，一改"教师说，学生听"的传统课堂教学模式，使学生能够通过课堂学习不由自主地完成英汉之间的翻译，同时也能锻炼学生的交际能力和应变能力，丰富课堂内容，充分调动学生的积极性。

（3）以学生为中心，适应教师课堂地位的转变

情境教学的主动性原则以及教育性原则要求我们"以学生为中心，以教师为主导"，因此教师不能孤立地进行教学。教师应始终牢记学生是学习的主体，以学生为中心，适当地调整自己的教学内容及教学方法，以引导学生交流、服务学生学习、激发学生学习自主性为目的进行教学。课前教师应该对学生进行充分的了解，如了解学生的心理特征、语言能力、本国文化风俗等，以发挥学生在课堂中的主体地位。

教学的双边性特质是教师在教学中需要特别注意的，争取通过师生合作以及学生的讨论、探究最终达到教学相长的效果。教师在课堂上要注意语言的实用性、生动性，用简练且准确的语言引导学生交流，进行启发式教学。

除此之外，更要注意教师和学生的关系应该是平等的，教师应尊重学生的

人格，维护学生的权利，与学生以朋友身份相处。在课堂中，让学生拥有学习的主动权，把说、做、想的机会交给学生，使学生可以大胆地进行讨论、研究、合作，在遇到问题时让学生提出自己的见解。

（三）运用案例教学法

1. 明确案例教学法的内涵

（1）案例教学法相关概念界定

案例教学法被普遍且有效地应用于翻译课程教学中。若使案例教学法在教学中更好地应用，必须深知案例教学法的内涵，要想深知案例教学法的内涵，必须对案例的概念、案例教学法的概念等进行研究。

第一，案例的概念。案例在不同的课程中具有不同且相似的含义，例如，医学课程中的"病历"和法律课程中的"案件"。其实，案例就是对一个实际情境的描述，在这个情境中，包含一个或多个疑难问题，同时也可能包含解决这些问题的方法。案例是某种案件的例子。有学者认为案例是对真实性、客观性的分析，基本上概述了各种象征性场景，这些场景通常出现在每个人的日常生活中，对每个人的学习都具有积极意义。

第二，案例教学法的概念。刘天才教授认为，案例教学法是指将案例应用于教学，通过教师讲授、组织学生讨论、撰写案例分析报告、教师归纳总结等过程来实现教学目的，进而提高学生理论水平和实践能力的教学方法。

学者张英华认为，案例教学法是在学生已经掌握了相关的基础知识并掌握了分析技术的基础上分析事实的方法。在教师的精心安排和具体指导下，根据专业的教学目标和课程内容的规定，将经典案例应用于学生，引领学生于经典案例中去分析，根据学生的学习思维或小组合作状况，编写经典案例报告，教师总结整个过程，以完成课堂教学。

学者杨慧民认为，案例教学法是以实例作为基础教育的媒介，以教师正确引导学生分析实例作为关键课堂教学结构的核心概念，展示学生行为主体的影响力，提高学生的综合分析能力并处理特定的问题的一种课堂教学目标的组织结构。杨慧民认为，从教学方法来看，案例教学的媒介是实例。

运用案例教学法教学时，教师是编导，学生是演出者。学生在教师的正确指导下，带着问题分析实例内容，充分发挥学生在课堂教学中的主体作用，不仅促进了教师教学水平的提高，而且还促使学生学习更多的知识，实现教学目标。有学者认为案例教学法就是运用生活中的案例解释教学中抽象的理论知识，使学生易于理解，使学生用学到的理论知识来解决现实生活中的问题，促使师生共同参与、共同探究的教学方法。

（2）案例教学法的特点

第一，综合性。案例教学法的综合性体现在，案例教学法中的案例比一般的事例包含的内容更丰富，不仅包含教学内容，还体现出现实意义。案例教学法既能解释抽象的理论知识，又能指导具体的实践活动，体现出知识和实践的综合性。整个教学过程包含多个环节，如案例的分析、问题的思考等，需要融合多种教学方法，如讲授法、演示法、谈论法、练习法等。总而言之，案例教学法具有综合性。

第二，发展性。案例教学法与传统的教学方法相比，侧重对案例的讲解和分析。案例本身就是一个不断发展的过程，案例教学法本身就具有发展性。在实施案例教学法的过程中，教师必须注重分析案例，正确引导学生思考。对于教师讲的内容，学生既要开展合作探究，又要独立思考。在此过程中，教师的教学水平得到了很大的提高。同时，学生通过课后练习、反思提高了独立思考能力。不难看出，案例教学法在各方面都能促进教学的发展。

2. 优化案例教学法的应用模式

（1）选用合适的案例

案例是案例教学法中的根本，亦是核心，要谨慎地选择并采用。一是教师要确保选择的案例贴合教学主题和教学内容，切不可脱离教学大纲，从而充分为教学服务、为学生服务，充分发挥案例教学法的教学功效；二是教师要着重筛选那些具有代表性、针对性、吸引性的案例，进一步激发学生在探讨环节的活跃性，也有利于激发学生的探究思维，可起到不错的效果。当然，学生的主动参与自然会比被动参与效果更好，这是毋庸置的。

（2）营造合宜的氛围，展开案例分析与探讨

案例在翻译教学课堂中的呈现需要循序渐进，切勿直奔主题、开门见山，建议教师在阐明主题之后，竭尽全力地营造合宜的氛围，让学生具有探究案例的欲望，进而为后续的案例分析和探索做好铺垫。

值得一提的是，良好的案例分析氛围没有具体的、统一的标准，但只要学生处于轻松的状态，那么，教学氛围就已基本达标。待学生沉浸在教学氛围中，教师可带动学生进行案例分析与探讨，可鼓励学生先进行独立思考和探究，并总结自身的观点与论点。教师也可划分小组，形成小组分析、小组合作的学习氛围，

让学生在合作与交流中实现多样思维的碰撞，进而达成更具价值性的共识。

（四）运用项目教学法

1.明确项目教学法的内涵

（1）项目教学法相关概念界定

第一，项目的概念。经济学、管理学及教育学等多个学科中都存在着"项目"一词，美国项目管理协会把项目定义为完成某一独特产品或服务所做的一次性努力。因为这一词语使用非常广泛，蕴含了多种含义，这也使得这个词语得到了多方的关注。在不同的领域，项目具有不同的定义和概念，这里主要关注教育领域与"项目"相关的概念。

在教育领域，项目被多个学者认定为对学生学习习惯的培养，主要包括学生在学习过程中的参与、思考和理解的过程。这些专家和学者通常会忽略项目的结果，认为项目这一活动的主要目的在于提高学生在学习中的主动性和积极性。

在教育领域，项目更多地体现为单个学习任务或者是完成单个产品的过程。在教师的指导下，学生通过团队合作努力完成项目的目标，该项目的产品及任务应该是具有一定的价值的。在教学中，如果将外语教学与项目结合起来，那么单个项目需要完成的工作是非常多的，包括对项目做出整体的计划、信息的收集和整理、阅读相关材料、对一定的对象进行采访、讨论项目的步骤及角色的扮演等。在各环节中，项目的任务与英语的语言技巧等有机融合起来，二者形成了一致的目标，最终体现为项目的完成结果。

第二，项目教学法的概念。教育领域的项目教学法最早是由美国的教育家基尔帕特里克提出的。他把项目教学法在教育领域的应用理解为一种新的教学方式，这种教学方式由教师来制定项目的玩法，教师需要将项目的各个步骤进行分解和讲解，然后学生分组对项目进行讨论和合作学习，教学的目标要融合在项目的目标中，教师将学生完成项目的具体情况作为依据，完成最后的教学评价。

美国巴克教育研究所的马卡姆指出，成比例且体系化的教学模式需依靠相对明确的教学条目作为支撑，通过设计任务和标准化的项目，来追求问题的解决和能力的提升。项目教学法的核心思想在于借助一定的情境创设或情境再现，来帮助学生更好地把握特定课程所指定的教学目标，并让他们通过特定课程增强真实性、实践性，将传统意义上枯燥的第二语言学习转化为包含生活场景和生活经验解读的提升过程。

项目教学法是一种将传统的课程体系的各个教学目标进行分解的方式，这种方式下教学的目标都变成了项目，教师以项目为教学的载体，在实施项目的过程中，教师与学生进行合作并且引导学生与学生之间进行合作，协同完成项目。

姜大源教授将项目教学法看作学生根据教师指定的工作任务独立确定目标、根据项目难度制订计划、实施项目并完成项目效果评价的过程。学者徐国庆则强调项目教学法以工作任务为中心，重视行动和专题两个要素，通过完整的工作项目，使学生掌握知识和技能。学者徐朔认为项目教学法教学合一、寓教于做，是一种能够有效激发学生的学习主动性和创造性，提高学生实践能力的先进教学方法。学者郭建则认为项目教学法是把课程中相关知识整合到工作项目中，旨在使学生在真实的工作环境中综合运用相关知识。

在项目教学的过程中，教师要结合课程体系，将要解决的问题和所需达成的工作任务设置成不同的项目，再根据课程的实际需求将所需要完成的教学目标设置为项目中的各级目标。在推进项目的过程中，教师还要鼓励学生进行合作，同时帮助学生推进项目的进行。

在项目教学法中，学生是项目的主要执行人员，以项目的目标为前进的动力，不断提高主动学习及解决问题的能力。在推进阶段，虽然是单个项目的推进，但是也要完成项目中的具体任务，这有助于帮助教师将教学内容组合成完善的体系。在这个过程中，学生不断地温故知新，将新旧知识进行联系，从而形成完善的知识体系。

（2）项目教学法的特点

项目教学法与传统教学方法相比更加灵活和系统，教师在教学的过程中运用多种教学方式，激发学生的自主性和创造性。在项目教学的过程中，要充分发挥教师的引导作用，以学生为主体，并且在进行项目评价的过程中，利用多元化的评价手段来整体全面地评价学生。同时对于学生而言，运用了项目教学法的课堂更加生动有趣，学生可以在做中学，将所学知识与岗位需求结合起来，在沉浸式学习的过程中掌握知识，实现职业技能的综合发展。

在项目教学的过程中，项目和任务是主线。在前期进行任务设计时，教师需要全面而深入地分析项目的实施过程，明确各环节需要做的任务。学生在教师的指导下独立探究，在做中学，小组分工，协同合作，从而实现项目式教学。学生在制订计划、查找资料、整理分析资料、实施项目的过程中，不仅掌握了知识，而且锻炼了自主探究和合作学习的能力，学习的兴趣也得到了提高。

（3）项目教学法的操作流程

项目教学法的主要优势在于能够提升学生的学习积极性，让学生发挥出主导作用，帮助其去探索新的知识和领域。在项目中，通过学生之间的交流和协作完成项目，能够有效地培养学生的通力合作的能力。使用项目教学法包含以下几个重要的过程：选定项目、制订计划、活动探究、作品制作、成果交流活动评价。

选定项目：为了帮助学生实现教学目标，教师需要选定恰当的项目。教师可以结合生活背景及知识经验等选定项目，根据不同的学科，设置有一定难度、有趣的项目，让学生在特定的时间内合作完成项目。

制订计划：在教学选定项目之后，学生可以通过自由组合的形式形成小组，教师根据实际情况对小组成员进行调整，并且挑选出一名队长带动小组完成项目。在制订计划的过程中，教师要给出一定的指导，包括如何制定学习目标、安排学习时间、制定工作和活动的程序等。在项目的初期，教师要为学生提供项目参考书，帮助学生快速理解项目。在项目推进的过程中，教师还要进行适当的监督和指导，对学生的项目及表现进行评价和指导，推进项目顺利进行。

活动探究：教师要充分发挥引导作用，鼓励学生根据项目不断探索知识，学生应该严格按照项目的目标和计划推进项目，发挥出个人在小组中的优势和长处，配合小组推进项目。学生可以各自贡献自身的想法和学习方式，探讨不同的信息获取方式，通过各个渠道搜集项目所需的材料。小组的组长要带领组员整理所查询到的相关资料，并且讨论制定项目的实施方案。在英语翻译课的项目教学法中，学生的英语翻译能力、自主学习能力和协作交流能力都会得到提升，小组成员各司其职，各自做好自身的任务，共同推动项目的实施，这也是项目教学法的价值。

作品制作：小组成员在制订了项目实施的计划之后，要通过合作来完成项目，最终制作成作品。教师要鼓励学生灵活地展示作品，可以借助图片、实物、视频、对话、表演及故事等形式展示作品。学生在这个过程中不断思考，在教师和同学之间展示项目完成的成果。

成果交流：在此环节，学生可以分享自身在项目完成过程中的看法，交流项目的成果，也可以互相指出项目中不足的地方。同时教师可以组织学生互相给项目成果打分，评选交流出自身喜欢的作品。对于表现优秀的小组，教师可以让其分享项目完成的过程，使学生互相学习、取长补短，从而提高学生的逻辑思维能力和分析问题的能力。

活动评价：此过程是对学生的学习效果进行检查的重要环节。项目教学过程中的评价应该是多元化的，关注学生在项目过程中各个方面的表现，对其参与的态度、配合度等进行评价。教师在评价的过程中不能采用单一的评价方式和标准，应该进行多元化的评价，可以重点关注学生完成项目的过程，让学生及时了解和分析自身的问题及成因，从而及时给予学生指导和帮助，以此不断提升学生的主动学习能力。

（4）项目教学法的理论基础

①多元智能理论。

1983年，美国教育家加德纳在传统智能一元化理论的基础上，发展性地提出了多元智能理论。该理论认为每个人都同时拥有九种智力，而且每个人的智力均不相同。相比于传统智能一元化理论。加德纳强调智力之间彼此相互独立且相互依存，并以多元的方式存在着。

根据多元智能理论，教师应注重不同学生能力和技能之间发展不平衡的关系，不能采用单一的标准评价，与此同时，注重学生个体的多元化发展。

②发现学习理论。

教育学家布鲁纳提出了发现学习理论，他认为转变传统的以教师为主导的教学模式是提升学生的学习效率和学习效果的关键，应该让学生主动学习知识、发现问题，让学生凭借自身的努力去获取知识。在学生日常的生活和学习过程中，教师要营造一定的学习情境，在实践中促使学生学会发现问题、探索问题，并且激发学生对学习知识的欲望。

学生根据自身的学习方式去发现问题，在教师创设的特定情境下，学生积极探讨问题，达成学习目标。发现学习包含四个步骤：第一步是提出问题。第二步是创设问题情境。在创设问题情境的过程中，教师要重视激发学生的学习兴趣，将问题与学生以往学过的内容联系起来，让学生通过自身的思考解答问题。第三步是提出假设。学生根据以往的学习和生活经验对教师提出来的问题进行假设性的回答。第四步是检验假设。学生根据各种方式对假设进行验证，并且探索得出正确答案。

③实用主义理论。

教育界的大师众多，约翰·杜威就是其中一个。他继承了詹姆斯等的实用主义哲学，提出了实用主义理论。他提出了"三中心论"，强调以经验为中心，以儿童为中心和以活动为中心。

首先，以经验为中心需要创设现实化的教学情境，学生在主动参与的过程中完成对知识的获取。其次，以儿童为中心，区别于以往的以教师为中心的教学模式，学校生活既要满足儿童的生长需求，又要在教师的引导下进行知识的探索和吸收。最后，以活动为中心表达的就是要在实践中学习，肯定实践在学习过程中的重要意义。杜威认为学习应该要有计划，并且认可创设情境—发现问题—提出假设—检验假设—运用知识的过程。

项目教学法的核心就是以学生为中心，通过创设合理的教学情境，在真实的项目活动中，师生共同选择项目，设计项目并且实施，同时根据实施效果完成评价，这一过程与实用主义理论不谋而合。

2. 优化项目教学法的应用模式

（1）注重校本教材开发

为了提升整体的教学质量，应该加大对校本教材的开发力度。学校应当鼓励教师积极参与到校本教材的开发中来，使教师根据自己的教学实践和经验，集思广益，群策群力。在编写校本教材的过程中，教师要深刻地理解项目设计中的流程和关键所在。

另外，在编写校本教材时应当重视融入相关专业的技能和知识，设计的项目任务要具有层次性，根据教学实践中学生的反馈适时地进行调整，从而保证项目教学更好地开展。

（2）多种教学手段有机结合

项目教学法能够在教学过程中将学生的学习问题与项目任务相结合，创建真实生动的教学情境，让学生体验现实工作岗位，激发学生的学习兴趣和积极性。教师要学会制定科学合理的目标，在指导学生完成任务的同时，让学生学会自主解决项目实施中出现的问题。

项目教学法的实质就是将理论学习和实践结合起来，使学生在完成任务的过程中学习理论知识。项目教学法运用到翻译教学中的方式是多种多样的，教师可以探索多元的教学活动并且保留可复制的项目形式，如英语翻译技能大赛等，在学生掌握基本文体之后可以丰富翻译材料的体裁等。

（五）运用交互式教学法

1. 明确交互式教学法的内涵

（1）交互式教学法相关概念界定

在外语学习中，互动是极其重要的，也是必不可少的。交互过程是提供信息、接收信息、理解信息并进行沟通以达到某些特定目的的过程。互动有助于学生表达自己的观点并理解他人所表达的信息。我国关于外语学习和教学的研究已经进行了很多年，交互被认为是学习语言的最佳方法，因此语言教学应该是交互式的。

第一，交互的概念。维果茨基着重强调了社交互动在发展认知过程中的重要作用，他认为社交在人们试图"创造意义"时起着至关重要的作用。换句话说，人们可以通过交流来了解他人。

交互表明语言的社会和交流功能，并暗示了外语教学的性质和目的。另外，交互表明学生的交流能力是外语教学的关键。

韦尔斯提出，语言交互实际上是一个协作和交流的过程，且是两个或两个以上人的思想和情感的协作交流过程。

欧莱特指出，交互是完成课程的过程。在实际的教学过程中，如果没有人与人之间的互动，则该课程将被认为是无用的或没有任何效果的。

迈杰什指出，交互是学生和教师之间的双向互动交流，有效的教学应包含师生间的互动。因此，师生之间的交流互动是语言教学能够有效进行的保证。若没有学生的参与，那么语言教学过程可能会被认为是无效的。

里弗斯给出了交互的定义，即如果学生将注意力集中在发送和接收信息上，那么他们将在使用一种语言的过程中获得便利。通过交互过程，学生可以阅读资料，并通过讨论、对话或合作与其他学生分享输出结果，从而达到更高的语言等级。在交互过程中，学生可以将他们学到的知识应用于现实生活中的观念或观点交流。

布朗说，交互是外语教学的本质和目的。交互是两个或更多人之间感觉、观点或思想的协作交换，这将对彼此产生互惠影响。交互强调一种语言的社会功能与交流能力在外语教学中的重要性。

第二，交互式教学法的概念。交互式教学法又被称为相互教学法、互惠教学法。在相关研究中，交互式教学法是指在师生与生生间的对话式互动过程中指导学生学习与运用提问、摘要策略，从教师示范、教师提示中逐渐实现师生角色互换，教师在恰当的时机给予学生反馈与指导，最终达到学生能够独立运用提问、摘要策略做出摘要的目的。

（2）交互式教学法的类型

交互式教学法强调教学过程中课堂参与者与教学媒介之间的交流互动，在交互中获取语言知识、培养语言技能。基于交互式教学法的交互活动类型主要包括操作式交互、反思式交互、建构式交互和浸入式交互。

操作式交互，即学生基于与教师的互动交流，在教师的指导下选择某一部分作为将要学习的内容。在具体学习实践中学生可以根据自己的需要查找学习资料、播放教师提供的相关音频、视频等，也可以通过线上教学平台和教师互动交流，寻求教师的指导和帮助。操作式互动体现了以学生为中心，发挥其自主性，有利于提高课堂教学效率。

反思式交互，即学生学习一定知识后在消化理解的基础上进行反思和总结，可以是在教师指导下进行的，也可以在与其他学生的交流互动中汲取经验、检查所学内容，进行再加工。例如，通过反思式互动进行练习、注释等。

建构式交互，即学生基于已完成的学习任务，主动对头脑中存储的学习资源进行再加工，在此过程中可以与其他学生交流自己的学习成果，也可以相互帮助查询信息、下载和上传学习资源等。教师对学生进行测试后，要对成绩进行排序，并与学生交流互动做出点评。

浸入式交互，即学生在教师营造的学习情境中实现自身知识的迁移，如教师设置的角色扮演、交际对话等活动，学生在参与的时候浸入特定的情境中，从而完成认知过程。

（3）交互式教学法的理论基础

在过去的几十年中，许多语言学家和教育者对第二语言习得进行了研究，在国内外都获得了许多新的发现和成就。随着这一领域逐渐被重视，一些相关的理论得到了发展，翻译教学的理论也随之经历了一个不断发展与完善的过程。交互式教学法的发展得益于以下理论。

①认知学习理论。

20世纪60年代，学者开始将研究重心放在探索学习过程的规律和特点上，并在实践中总结教学经验，提出多种教学模式，开创了学习理论研究的新局面。认知学习理论认为学习发生在学生面对当前问题的时候，学生的一系列内在活动有助于认知结构的形成和发展。它强调学生的内在变化。这一时期出现的学习理论包括布鲁纳的认知发现理论和奥苏贝尔的有意义学习理论等。

布鲁纳是美国著名的教育心理学家。他认为学习的目的是发现学习的方法，将知识的基本结构转化为学生头脑中的认知结构。所以布鲁纳提出的理论被称为认知发现学习理论。布鲁纳提出教学应以学生为中心，使学生积极主动地学习外语。在教学课堂中，学生起主导作用，教师起辅助作用。教师的角色是为学生创造一种情境，让他们练习语言。不应该机械地传递给学生知识，而应该通过观察、分析和归纳来学习，这就是发现学习，它能激发学生的学习兴趣。根据课堂情境的特点，交互活动可以帮助学生发现问题，从而帮助学生理解和迁移所学的内容。因此，它可以培养学生使用外语的能力。

奥苏贝尔提倡学生应该积极参与学习，并辅以教师的帮助，以提高学习效率为主要目的。奥苏贝尔的认知结构同化理论认为，事物的意义在于学生头脑中唤起的相关意象。学习新知识的过程是提取与新知识密切相关的旧知识，将其与新知识相互作用，并对学生原有的认知结构进行区分和整合。这个过程使学生获得了新的知识，原有的知识由于被新知识同化而发生了有意义的变化。

此外，奥苏贝尔将学习分为两类。一种是机械学习，这是一种孤立的学习。机械学习的缺点在于学生只单纯地通过记忆来学习知识，并没有对材料进行理解与把握。而另一种则是认知学习，它被认为是一种有意义的学习。它的特点是通过了解所学知识的基本概念和规律，掌握所学知识的内在关系，从而对知识进行全面的理解与记忆。奥苏贝尔还指出，学习外语主要依赖于有意义的学习。因此，外语教学应注重有意义的练习和交际活动。在课堂教学中，交互式教学模式是最有效、最有意义的学习方式之一。

奥苏贝尔和布鲁纳的思想将学习与互动联系起来，为交互式教学法提供了理论基础。

②输入输出理论。

根据克拉申的二语习得理论，语言习得过程中最重要的部分就是可理解输入。他认为第二语言是通过理解接收到的信息和接受可理解的输入来获得的。因此，克拉申的输入假说在外语学习和教学中起着重要的作用。它给教师一些教学启示，即某些知识和规则不应该直接传授给学生，相反，应该通过目的语的输入来理解和习得。

克拉申指出，在第二语言学习的过程中，应向学生提供目的语输入，即"i+1"。在语言习得的过程中，我们沿着学习的自然顺序，从我们现在的语言水平——i，到更高的语言水平——i+1。克拉申将输入 i+1 解释为，给予学生的输入语言应该包含略高于其当前语言能力水平的结构。

哈米尔指出，输入、吸收和输出的过程是相互联系的。交互活动是连接这三个过程的主线。因此，使用目的语进行交际是语言教学的一个重要组成部分。

斯韦恩认为，虽然可理解输入假说对习得过程很有价值，但仅仅依靠输入来提高学生的二语能力是不够的。他强调，学生必须有机会产生可理解的输出，只有这样，他们在实际生活中使用目的语时才会准确、流利，据此他提出了可理解输出假说。

斯韦恩指出，在目的语中产生可理解的输出可以帮助学生更加关注语言的实际使用，从而顺利、成功地传达其意图。同时他进一步指出，学生在尝试生产目的语时，有时不知道如何准确地表达自己的意图，这可以促进学生就此进行学习。

斯韦恩认为仅仅产出是不够的。他建议不时地鼓励学生，并建议他们利用现有的资源，对自己的输出进行反思，并考虑如何修改输出以使其变得更容易被理解，或如何使输出适当和准确。在某些情况下，输出可以促进语言习得，因为在使用目的语的过程中，学生会认识到自己语言存在的问题，在此情况下，学生会通过搜索自己已有的知识去寻找问题所在以纠正自己。

输入输出理论则正好对应交互式教学法的互动环节，教师为学生提供可以交流的环境，并帮助他们学会对新知识进行输入与输出，从而对新知识进行构建与应用，以达到对新知识进行掌握与熟练运用的目的。

2.优化交互式教学法的应用模式

对于优化交互式教学法在英语翻译教学中的应用，可从课前、课中、课后三个方面进行阐述，以下为具体内容。

（1）课前应用

在英语翻译教学中使用交互式教学法时，课前，任课教师会将教学基本思想进一步明确，对教学方式进行重新梳理，主要表现在以下方面。

第一，任课教师会在课前对学生进行全方位了解，对不同学生的学习方式进行合理化分析，也可采用实时交流互动的方式来了解学生对于课堂的要求。

第二，任课教师在讲解主要知识要点前会先向学生介绍基本的英语翻译方法与方式，并做到将已有的翻译技巧进行系统性梳理，便于学生进行交流讨论。

（2）课中应用

使用交互式教学法进行英语翻译教学主要表现在以下方面。

第一，任课教师会依据翻译知识要点在课堂上提出具有发散性的问题，在此期间可充分利用多媒体资源，采用课件的方式来传达基本提问信息，将课前准备好的知识展现给学生，激起学生的兴趣。

第二，为了让学生更好地解决教学问题，教师可组织学生进行小组讨论，鼓励学生使用英语进行交流，让每个学生都参与到课堂学习中来。

（3）课后应用

由于英语翻译属于专业实践性质较强的课程，故交互式教学法的使用还涉及课后实践部分。在课堂结束之后，任课教师可利用多媒体这种主要的信息媒介与学生进行交流，如教师可将课后任务及自身总结的翻译知识点放在互联网平台上，便于学生进行及时学习，完成相应的教学任务。

（六）运用支架式教学法

1.明确支架式教学法的内涵

（1）支架式教学法的定义

"支架"的概念，最初源于建筑业中的"脚手架"，它是在修建过程中借助"工具"，起到帮助攀登和支撑的作用，待完成任务后再抽离开来。建构主义者以此比喻为一种学习上的辅助工具，或者说是学生在学习过程中所需要的框架，根据框架中的某个节点不断攀升，呈梯级式逐渐过渡，遵循了认知发展规律，所以"支架"是一个相对连续、完整的概念。

在这个概念中，它不是第一层级，而是像爬梯工具一样，是根据实际情况略拔高一级的，这才符合"架"的内涵与本质。在教学中，支架是具有动态性的，可以随时调整，也可在任务完成后及时撤回，具有很强的灵活性，这是与建筑具有明显区别的地方。

支架式教学法是在20世纪六七十年代，由伍德、布鲁纳和罗斯正式提出，旨在帮助学生在最近发展区内搭建知识框架，以自我探索的形式学习课程内容，更加强调自主性。

支架式教学法主要围绕学生来进行，教师起到辅助和引导的作用，教师需要结合课程主题，提供不同类型的支架来帮助学生，并将其引入所创设的情境中，通过独立探索、小组共同协作、讨论的方式不断攀升支架，完成教学目标。在这种教学方式中，要及时调整支架的"摆放位置"，不断提高学生探索知识的能力，待其能够独立调控和自我管理后，教师可适时地撤回支架，将学习的自主权归还给学生。

（2）支架式教学法的类型

笔者在整理文献资料中发现，支架的类型并没有严格划分的标准，此研究的相关学者一般按照不同的层面进行分类。从课堂的主体上看，主要划分为教师搭建的支架和学生合作探究形成的支架；从教学方式上主要分为范例型、建议型、问题型等；从教学组织环节上主要分为内容型、工具型、情感型及其他辅助类型的支架。当前线上教学在翻译教学中应用得越来越广泛，因此，本部分主要总结并概括出线上教学中经常使用的支架，具体内容如下。

第一，工具支架。工具支架是在课堂上辅助教学的道具，也是线上课堂最常用的支架类型，属于线上平台中的"硬件设施"，主要起到提示引导的作用。在线上教学中，可以利用网络平台的特点，通过向学生展示 PPT、动画、表格、音频等线上多媒体资源，以搭建支架的方式帮助学生进入情境，快速地熟悉教学内容，打造沉浸式的线上环境，增强趣味性。

除多媒体设备外，还包括卡片、图片、学习用品等实物，也可作为工具支架。这些工具支架对于新知识的学习起到一定的辅助作用，能够将复杂难懂的课程内容以生动、具体的形式展现出来，充分地调动学生的储备资源，成为搭建新知识的有力支撑，顺利完成教学目标和任务。

第二，问题支架。问题支架的核心内涵是以问促思，教师利用提问的方式，引导学生去思考知识内部结构之间的联系，提高学生的思考能力，使学生快速进入教学情境，独立探索或以小组协作方式合作探究，完成课程要求和任务。

在教学过程中，教师可以通过将重要任务逐级分割成小任务，用问题搭建支架和桥梁，彼此之间层层递进，不断攀升，逐渐引领学生完成最深层次的核心目标。除此以外，问题支架也具有提示性的作用，将重难点与易错混淆点以问题的形式呈现出来，帮助学生理解课程内容之间的差异性，使学生在解决问题的同时也能不断地厘清思路，给予学生重要的线索，启发学生主动探索新的学习目标。

第三，范例支架。范例支架是指教师以范例的方式为学生搭建支架，在语音上可以通过音频范读、教师范读提供范例，给学生树立正确的典范；在讲解生词和小组活动的交际中，以示范作答的方式形成范例，或者使用例句的形式打比方，锻炼学生的分析能力，在不断地模仿中突出重点，有所创新，完成课堂的操练任务。特别是学生对于规则和问题都不太熟悉时，依靠教师或学生提供范本，形成任务示范，能够弥补教师语言描述的不足，有利于提升学生熟悉课本内容的速度，高效率地完成目标，为整个教学进程提速。

第四，建议支架。建议支架有时与问题支架相关，当学习任务过难，学生无法回答时，教师可以使用建议支架，直接呈现以减少学生的畏难情绪，同时也保证了教学环节的流畅。建议支架可以贯穿于整个教学过程中，有学者认为比较适用于梳理教学内容，如语言点教学中的句型归纳等，使学生能较准确地掌握知识点，建立学习的信心。

第五，向导支架。向导支架是从宏观的角度设置的，虽然上述提到的问题支架和范例支架也具有引导学生的作用，但属于具体环节的微观支架，而向导支架是着眼于整个教学过程的，翻译课主要围绕不同的主题来展开，如在课程开始阶段，教师将学生的注意力引导至中心话题上来，发散学生的思维，话题作为一种背景支架起到了向导的作用。

另外，在创设的情境中搭建向导支架，也能向学生渗透主题的感情色彩，传递话题的感情基调，使学生体会情感与价值，完成教学重难点的学习，为日常交际提供导向。

第六，内容支架。内容支架是教师结合具体教学内容及目标来设置的，一般分为语音、词汇、语法三种类型。语音支架是指为了帮助学生正确流利地发音，教师用声韵母的发音方法和拼音规则的原理知识搭建支架，让学生结合声韵调练习拼读；词汇支架是指教师在讲解词语时联系上下文语境，给予学生重要的提示和线索，体会词语的含义和用法，帮助学生在句式中正确使用；语法支架是指向学生提供一种类似"公式"的语言规则，帮助学生创造出符合语法规范的句子，逐步实现自动化，待其完全掌握语法功能后，可及时撤回支架，鼓励学生发挥自主性，体会中华语言的魅力所在。

第七，情感支架。情感支架主要是针对教师自身的感染力以及所营造的课堂氛围而言的，包括教师自身所传递的面部表情、神态语气、语言声调等体现精神面貌的肢体语言以及幽默风趣、和谐自然的授课风格都会对整个线上课堂产生积极影响。所搭建的情感支架并不是单一存在于某个阶段的，而是贯穿于整个课堂进程，属于化有形为无形，以沉浸式的方式让学生感受到课程的趣味性，充分激发学生的参与热情，有利于师生之间通畅交流，创设愉悦的线上环境。特别是在学生遇到教学难点或困难时，情感支架能够帮助学生重建自信心，让学生感受到被理解、被认同，为深度挖掘自身潜能提供情感支持。

第八，评价支架。评价支架的分类较为丰富，包括自我评价、互评与教师评价。自我评价是指学生自己对课堂内容进行梳理，从而更加了解自己的能力水平，也能更好地搭建支架，有针对性地提升；互评是学生对一起合作学习的成员根据在团队协作中的能力进行评价，能够帮助学生巩固所学内容，并形成自己的评价标准，以第三视角预判自己的表现，及时改正，也可将同伴作为学习示范榜样，以此作为框架，提升学习的质量；教师评价是按照客观的标准，根据学生的个人表现或小组协作的情况及时给予反馈和建议，以多元评价系统为支架，发挥评价的激励作用，引领学生不断深入探究新领域，提升其专业知识方面的能力。

支架类型的选择要依据多方面因素进行考量，特别是学生的实际情况，需要考虑差异性，符合学生的身心发展特点，增加其可理解性输入，在沿着支架不断上升的过程中提高认知水平。值得注意的是，在搭建支架的过程中要随时关注学生的认知动态，把握好方向并及时调整，待学生能够将所学新知识真正理解后，教师需要适时撤回所搭建的支架，课后检验学习效果。

2.优化支架式教学法的应用模式

（1）明确应用原则

第一，教师与学生角色互换原则。与传统教学理念相比，支架式教学法最大的特点就是教师与学生的角色进行互换，学生从被动获取知识变成主动探索知识。因此，教师在大学英语翻译教学中需要及时转变教学观念，肯定学生的主导地位，在教学过程中弱化自己的存在，通过为学生搭建概念框架、引导学生积极参与教学活动等，帮助学生做学习的主人。除此之外，教师需要不断提高自身的知识含量、专业能力以及综合素质，正视自己在教学中的辅导地位。

第二，概念支架的动态与撤离原则。支架式教学法强调教师所搭建的概念支架要置于学生的"最近发展区"，随着学生学习能力的提升，为其搭建的概念支架也将随之发生动态变化。因此，在大学英语翻译教学中，教师需要根据学生的发展情况不断为其更新概念支架，让学生的学习状态始终处于"最近发展区"，以确保能够为学生提供适宜的教学环境与适当难度的挑战。另外，伴随着学生的不断学习与持续性成长，教师需要通过各种形式的互动来帮助学生搭建自己的概念支架。

（2）完善应用程序

第一，搭建脚手架。搭建脚手架首先要求教师能够准确预判学生当前的知识与能力，再结合学生的需求特点确定其最近发展区，然后才能在这一区域内围绕教学内容和主题为学生搭建脚手架。支架过高容易导致学生自信心受挫，参与热情消减；支架过低则不利于学生主动构建新知识，还有趣味性降低的风险。其次要考虑到学生的认知风格、性格特点、学习习惯等，教师要做到细心观察，学会记录总结，根据学生的知识层级和接受能力确定支架类型，并结合翻译课程内容与学生需求进行支架的搭建，还要了解学生的认知发展过程及规律，帮助学生快速进入话题，熟悉教学内容。

第二，设置情境。教师要精心地设计翻译课堂中的情境内容，让学生在做任务的环节中完成所设定的目标。这种情境既要符合学生的社会文化背景，又要贴合生活实际，使学生身临其境，自觉快速地融入课堂氛围中，激发主动探索的乐趣。比如在第一步搭建支架后，教师要引导学生进入教师所设置的情境之中，使学生在思考的过程中潜移默化地了解学习目标和任务，将复杂、抽象的问题直观化，训练学生运用英语思维进行推理、分析的能力，特别是在情境模拟当中，给学生提供交际实践的机会，使学生巩固所学知识。

第三，独立探索。支架式教学法把学生摆在首要位置，强调其主动构建知识的能力。在教师为学生搭好问题或概念的框架后，激发学生独立在情境中思考的能力，在发展区内独立探索新知识。

在整个教学过程中，教师应适时地加以引导，比如可以为学生提供范例支架、概念支架、幻灯片图示等多媒体工具支架，使学生根据所搭建的支架，不断地提升自我思考的能力，完成独立探究的任务和目标的同时也是对知识重新塑造的过程。值得注意的是，学生在进行自主探索时，教师要时刻监督其学习进程，在关键环节进行一定的提示和引导，直到其完全能够自主地解决问题，再逐渐引导学生攀升支架，完成小组的交际活动。

第四，协作学习。协作学习是在学习过程中通过合作探究、讨论、小组同伴共同商议形成的一种学习方式，通过自我梳理，将单人输入转为集体输出。其本质是学生将学习过程中的矛盾和问题公开化，以小组合作、共同协商的教学方式发现解决问题的办法。

讨论和沟通的前提是学生对所讨论的问题具有充足的了解，例如，要想完成翻译课上的情境活动，学生需要了解基本的句型和语言规则，才能完成与同伴的对话，完成语言交际任务。在这一过程中学生可以相互学习，也可以说是在同伴的帮助下通过协作这一环节，形成了最近发展区。

第五，效果评价。效果评价主要从学生、同伴与教师三个方面展开。学生评价需要根据个人的状态及在课上对知识理解的情况进行检测和评估；同伴评价是根据每个人在团队中的能力和贡献进行同伴之间的评价，如参与度、分析表达水平、合作能力等；教师评价既包括对自身教学环节的把控以及对教学组织的效果进行反思和总结，也包括对学生表现和知识掌握程度的客观评价。

（七）利用"互联网＋"教学改进教学方法

2015年李克强总理首次在政府工作报告中提出"互联网＋"计划。"互联网＋英语翻译教学"是利用互联网的平台、信息通信技术，把互联网和传统的英语翻译课堂结合起来，创造的一种新的教学模式。"互联网＋英语翻译教学"不是简单地相加，它在满足了学生对新知资源获取的同时，对传统课堂教学进行有益的补充，成为以项目为导向的现代英语教育技术的重要组成部分。

"互联网＋英语翻译教学"展现出直观、形象的教学内容，为教学活动的顺利展开提供有效手段。"互联网＋英语翻译教学"因地制宜地使用电脑、网络、自媒体等教学手段实现了现代信息化教学手段与传统教学方式的有机结合，转变了学生的学习模式和教师的教学模式，在教学中起到积极作用。

教师在使用信息化教学手段时还需注意如下问题。首先，学生的实训教学是不可或缺的，高校需要修建实训教室，这样能够让学生在模拟的情境中练习。其次，高校需要建立校外实训基地，和企业相互合作，这样能够让学生接触到真实的项目中的翻译文本，提高自己的翻译能力。高校可以每年安排学生在各大外贸企业学习，提前了解工作内容以及流程等，这对于学生工作能力的培养是有较大的帮助的。最后，教师可以充分运用互联网以及多媒体进行辅助教学，使学生更为真实地感受到情境，提升学生的学习效果。

四、优化教学质量保障体系

（一）加强教学过程管理

高校应根据市场需求和专业特点，制定针对性强的教学管理模式，突出翻译专业应用性和实践性的特点，从翻译市场急需的文化翻译、政务翻译和科技翻译方面着手，对学生翻译实践能力的提升加强过程跟踪和阶段性评价，及时了解学生理论知识和翻译能力习得情况，以便及时调整教学安排。

创新授课内容，翻译教学应以近期国家、省市领导讲话、政府工作报告、新闻报道和科技翻译文本等为内容进行翻译训练，通过模拟口译等多种方式开展课堂教学，以具体的翻译项目为依托，开展项目教学和翻译研讨，始终使教学紧跟时代、市场步伐，确保翻译教学满足市场需求。

（二）健全实践活动框架体系

学生实践活动的框架体系中应该包含面试筛选—前期培训—中期服务—后期总结四个流程，形成完整的流程体系。尤其是后期总结部分，一定要有严格的执行制度，没有后期总结就无法了解学生的实践情况和成果收获；没有信息反馈，也无法了解实践活动是否符合学生的需求，是否符合高校的培养目标。所以，实践活动的后期总结工作极其重要。高校可以在学生实践活动结束后组织总结大会，以个人展示的方式来了解学生的收获与成长，在经验交流的过程中判断此类实践活动是否符合学生的需求和培养目标。

（三）完善教育实践考核制度

在翻译教学中，强调学生在实践能力方面的成长，所以在对应的实践教育中也需有严谨的考核制度，检验学生的教育实践成果。例如，在进行教育实践后举行技能评比大赛，使学生可以利用自己在教育实践中所收获的知识进行评比和展示。

通过这样的方式，学校可以直观地了解教育实践的成果，也可以丰富学生的课余生活。此外也可以通过撰写实践总结报告和技能评比大赛结合的形式来考核教育实践。

（四）选择合适的翻译教材

想要提高外语翻译教学的质量，必须选对合适的教材。目前，部分高校教授外语翻译可能未与市场需求相对应。要改版教材，将教材内容与市场需求相对应，可以选择一些职业性强、内容较为新颖的教学内容。

当前高校教材一般都是将很多英文原材料作为教学内容，教材下有句型练习与词汇讲解，这类教材内容无法满足市场需求，针对性较差。

在选择外语教材时，高校要将文章选择和专业程度放在第一位。如果没有找到合适的外语教材，高校可以综合学生的实际情况、市场需求撰写一本外语教材书，保证学生在学校所学到的专业知识与市场需求相对应，从而更好地培养学生的外语翻译能力。

五、优化翻译人才培养模式

地方高校是为当地提供人才的重要输出来源。中国翻译协会常务副会长郭晓勇在 2010 年中国国际语言服务行业大会的主旨发言中指出：语言服务行业的一个新亮点是产学研相结合地培养复合型应用人才，用人单位和行业机构要充分利用业内资源，在地方高校的人才培养各个环节中发挥积极作用，从专业课程设置到专业师资建设再到实训基地建设等各方面深度合作、共同探索。

（一）推进校企协同隐性育人

学生在课堂所学的知识要通过实践的方式固化、内化成为自身的翻译能力，而第二课堂、学科竞赛与创新创业等载体就是学生内化所学内容、提升翻译实践能力的演兵场。校企合作模式下翻译课程的隐性育人功能可以从以下方面实现。

1. 翻译项目实践

可以邀请具有中国翻译协会认证资质的行业导师进校园，通过开设讲座、线上授课、语言服务、企业岗位实习等形式，构筑高校教师＋行业导师的教学共同体，既保证学生掌握翻译学科的知识，促使学生对学业价值、未来职业规划、角色定位、个人学业与社会发展的关系有明确的认知，又培养学生具备"责任心、团队合作能力、人际交往能力、诚实守信、尊重客户隐私、抗压能力、组织能力、管理能力"等译者的基本职业素养。通过引入翻译实战项目，构建项目实践模式，使学生了解翻译职场的生态环境和运行规则，这对学生树立职业意识、培养职业技能、增强就业竞争力发挥不可替代的作用。

2. 在线实习

实习是学生学以致用、实现自身价值的媒介。高校可以与校外语言服务机构合作设计在线实习平台，将语言服务真实案例搬上网络，而高校学生可以通过在线实习的模式参与实际项目、模拟翻译流程。一方面培养学生的语言实际运用能力，另一方面培养学生爱岗奉献、吃苦耐劳、团结互助的品质。

3. 学科竞赛

竞赛是检验学习效果的重要途径。教师要鼓励学生积极参与各类翻译竞赛，校外语言服务机构可以提供竞赛辅导和热身训练。学科竞赛既可以检验学习效果，也可以帮助学生正视竞争、直面竞争，树立正确的翻译观和职业观。

4. 创新创业

在校企合作过程中，教师和企业导师可以引导学生申报各级别的大学生创新创业类项目，为培养学生的创新思维、加强交流提供平台。学生既可以在对某一领域进行较为深入调研的基础上撰写调查报告、学术论文，也可以利用校外语言服务机构丰富的语料资源，在确保知识产权和商业信息保密的基础上，与行业导师一起建设、维护语料库、翻译记忆库和术语库等，还可以尝试创立语言服务企业并模拟运营，增强创新能力。

（二）提升口语技能水平

翻译专业学生可走语言服务之路，那么，培养语言服务人才就一定要强调口语技能。据统计，国内翻译工作者中口译工作者比笔译工作者更加缺乏，能够胜任口译工作（如同声传译）的人才更是稀缺，但很多政府单位、涉外企业等对译者的口语水平要求普遍较高，翻译专业毕业生容易因口语水平差而被拒之门外。这一现象表明，我国翻译工作者的口语水平较低，翻译专业应该对该问题加以重视。

提升口语技能水平是提高英汉翻译人才就业率的关键。与笔译相比，口译的难度更大，口译面对的是直接交流，没有给译者查阅资料、反复推敲出最佳译文的时间，考验译者的记忆力与语言运用能力。

提升口语技能水平，就要加强口语技能训练。进行口译模拟训练是提高口语水平的方法之一，在配备翻译实验器材的情况下，可进行模拟口译实训，锻炼口译人员的口译能力。

（三）加强师资团队建设

柴明颎教授指出完善高校师资队伍建设可以通过以下两种途径：一是通过引进能翻译、能教学的具有长期专业翻译实践经验的翻译和管理人才；二是打通国际化合作。

高校应出台相应政策大力培养双师型教师，在职称评定、科研成果认定方面消除对译作、译审作品的歧视性政策，落实双师型教师待遇，鼓励教师考取翻译资格证书，参与社会翻译实践，营造有利于双师型教师成长的环境，切实培养拥有双证，又具有双能力的教师。此外，高校还应积极利用社会资源，聘请翻译公司、外事部门和翻译协会实战经验丰富的高级翻译参与课堂教学，通过"内培外引"的方法进一步加强翻译教学师资力量。

应用型翻译人才培养是一个系统的工程，地方高校翻译专业人才的培养需要满足新时期地方经济文化发展的需求，明确人才培养目标和规格，构建科学的课程体系，完善教学管理和考核制度，改进教学方法，建设完善的校内外实习实训平台，加强双师型师资队伍建设，这样才能更好地培养出符合市场要求的高质量翻译人才。

具体来讲，可以采取以下方式。

其一，更新教师的翻译教育理念。从本质上讲，翻译教学更强调实践性、专门性与职业性。但由于受传统人才培养理念的影响，很多教师并不能很好地从思想上转变过来，从而影响到其课程材料、教学方式的选择等。作为翻译教学教师应意识到翻译教育所要培养的人才应具有高层次、专业化、应用型的特征，应满足现阶段翻译市场对人才培养的职业化要求。这就要求教师充分了解翻译教学的内涵和基本理念，加深对其规律的认识。

其二，提高翻译专业教师的综合能力。随着语言服务市场的发展以及翻译学科的发展和逐渐完善，对翻译教学教师的知识结构和素质能力要求也日益明确。

教师可通过多种途径提高自身，如通过高校与高校之间的合作、高校与企业之间的合作或积极参加翻译师资培训等方式。

其三，中方和国外教师加强交流与合作。中外合作办学不是单纯地从国外引进师资担任课程的教学，也不完全是各类资源以及信息技术等的借鉴与交流，重要的是通过中外双方的沟通与交流来提高教师自身的素质与能力，通过跨文化的国际教育以促进双方师资素质的提高。

针对师资队伍游离性问题，为保证中外合作办学的顺利开展，要建立一支相对稳定的师资队伍。一方面可以制定规范的奖励机制，以优厚的待遇吸引人才。通常在中外合作办学院校工作的教师由于需要用第二外语授课，需要付出更多的时间和精力来备课。鉴于工作强度较大，学校应采取一些制度性措施来进行鼓励。如提高课酬，根据学生学习的情况给予适当的奖励，从而稳住人才。另一方面，创建良好的工作环境稳住人才。一般而言，教师都非常注重学校所能提供的软硬件环境。如学校图书馆里有关翻译教学方面的书籍的种类和数量、多媒体语言教学中心的建设投入等。所以，高校可以通过改善教师的待遇以及工作环境来稳住人才。

总而言之，师资是翻译人才培养的有效保证。提高师资综合素质和师资队伍稳定性有利于其形成稳定的、高素质的优质师资，从而为高校翻译教育教学的高质量发展奠定坚实的基础。

（四）深化文化交流

翻译本就是跨民族、跨语言、跨文化的活动，更是跨地区、跨国家的活动。翻译人员不仅代表着所服务的企业形象，更加代表了国家的形象。为更好地服务于国际文化交流，培养优秀的翻译人才，不仅要在翻译技能、专业知识上下功夫，更要注重翻译人才跨文化交际能力的培养。为用人单位提供的翻译人才，不仅要进行语言转换，更要有对不同文化的理解与表达能力，能够通过语言、非语言的形式把文化表达出来。此外，还要对所涉及的地区、国家的国情、法律、风俗、禁忌等有系统的了解，为今后开展工作打下基础。加强对外交流可通过交换学习或留学方式进行，既有助于培养翻译人才的跨文化交际能力，同时在对外交流的过程中提高翻译人才的水平。

六、强化翻译人才技能培养

听、说、读、写、译一般被认为是翻译专业学生的五项技能，但在翻译教学过程中往往侧重前四项技能的训练，而忽视了翻译技能的训练。翻译技能是翻译人才未来走向工作岗位的"敲门砖"，也是译者的基本素养。在目前的翻译人才培养教学中，由于忽视翻译技能的培养，导致毕业生翻译技能不达标而被用人单位拒之门外，这不仅导致教育资源的浪费，更造成翻译人才的大量流失。在新时期，高校应该充分认识到翻译技能培养的重要性，切实提高翻译教学质量，努力培养翻译专业学生的翻译技能。

为加强翻译人才培养，构建专门院校培养、基地训练实践、翻译职业教育"三位一体"的英汉翻译人才技能培养体系，着眼于培养高水平、高效率、高学历的"三高"翻译人才，是建设学习型翻译队伍、培养复合型英汉翻译人才的时代要求。前中期由专门院校培养，以素养养成与技能培养为主，让翻译专业学生夯实坚实的专业基础；中后期为基地训练实践，让学生在翻译实践中积累经验；后期设置翻译职业教育，提升学生的职业素养与翻译意识。

（一）巩固未来译者身份定位

将来要从事翻译工作或翻译研究的翻译专业学生，若想提高翻译技能，首先要明确定位自身的译者身份，以职业人的态度对待每一次翻译实践。教师要在翻译教学中引导学生发挥主观能动性，让学生自主地以译者身份进行翻译实践。

译者在翻译交际过程中，要主动接收信息并准确分析信息的主要内容，再用目的语准确表达。译者在翻译交际过程中，要完成对源语信息解码，理解信息发出者的真正交际目的，最后做出合理的译文。译者对自身的定位决定翻译作品的质量。若译者被动接收信息，不能够发挥主观能动性对源语信息进行正确解码和理解源语的真正目的，那么翻译质量不会太理想。因此，在翻译教学中，翻译教师除了教授翻译基本知识外，还要不断巩固学生未来译者的身份定位，让学生给自己准确的译者定位，在翻译实践中发挥主观能动性，以职业译者的身份参与到翻译实践当中。

（二）搭建实战实训翻译平台

提高翻译专业学生的翻译技能，要为其搭建实战实训的翻译平台。目前，部分院校的翻译人才培养模式依然采用传统的翻译课堂教学进行培养，这不利于培养出合格的翻译人才，英汉翻译人才的培养亦是如此。

新形势为本地高校的英汉翻译专业培养英汉翻译人才提供了很大的机遇。搭建实战实训平台的目的是让翻译专业学生真实地进行翻译实践，积累翻译实训经验，提高翻译技能。搭建实战实训平台需要政策及院校的支持与落实，需要翻译教师选取真实有效的、具有实际意义的翻译资料，而不是固化于课上教学、课下翻译。在实战实训中，教师参与在学生的翻译过程中，及时发现学生在翻译过程中存在的问题并纠正，为学生讲授不同情境下的翻译技巧，让学生以严谨的态度对待，既能够在实战中得以提升翻译技能，又再次定位译者身份。

（三）创设恰当的翻译交际语境

信息源于交际，没有完整的交际语境，同样的一句话或一个词在不同的语境中，其语义可能出现偏差。因此，在培养翻译专业学生的翻译技能时，创设恰当的翻译交际语境，对提高学生的翻译技能至关重要。

创设恰当的翻译交际语境是让源语与目的语的内容达成一个共识。语境对信息的提取具有一定的影响，在翻译教学中，只有在特定的交际语境下的语言才能表达出源语意义。教师应当引导学生了解文化背景，选择合适的词语或语句创设恰当的交际语境，以提升学生的翻译质量。

（四）熟练掌握辅助翻译工具

随着社会的发展，科技产品越来越多，翻译机器、翻译软件层出不穷，这对人工翻译有辅助作用。译者全靠传统翻译是不现实的，大多数译者会利用辅助翻译工具辅助翻译。作为现代译者，熟练掌握翻译辅助工具是必备的技能。

英汉翻译专业学生基本配备有电子词典，虽然携带方便，但仅限于查找词汇。电子词典 APP 很受欢迎，不仅能够满足于查词，还能够翻译句子，但同样存在翻译不准确等问题。

翻译辅助工具的主要作用是辅助翻译，译者不能过于依赖翻译辅助工具，因为翻译工具毕竟是数字化的产品，没有文化背景积淀。提高翻译质量根本上还是要掌握翻译知识，增强翻译技能，但依然要熟练掌握翻译工具，熟练掌握翻译工具有助于提高译者的翻译效率，也可为译者翻译做参考，提高翻译的准确性。

（五）实施中期考核与淘汰机制

如果说提高翻译专业学生的入学门槛能从根本上提高翻译专业学生的质量，那么，实施中期考核与淘汰机制则是选拔高水平翻译专业学生的节点。

实施中期考核与淘汰机制是提高翻译专业学生翻译技能的有效途径。通过实施该机制，筛选出合格的学生继续培养，以提高翻译人才的培养质量。对于不合格的学生，也要以负责任的态度寻找合理的应对方案，如继续学习或转专业等。

除以上外部客观因素会影响英汉翻译专业学生的技能水平，从内部动因看，在一定程度上还取决于学生本人的学习兴趣与意愿。在本科使用的语言学习教材与翻译教材中，理论性的内容均为目的语文字，仅在示例中见有少量汉语，这对零基础的学生来说学习的难度较大。且有些学生可能会因为无法完全理解之前的学习内容而停滞不前，甚至产生厌倦、反感的心理，导致学习效果不佳。学生会因自身的内在因素致使语言基础差、理论基础薄弱，从而导致后期翻译技能水平不理想。因此，要及时了解学生的心理、正确引导学生学习、为学生答疑解难，从而提高翻译专业学生的翻译技能。

第七章　翻译能力的培养策略

　　翻译教学最终都要落脚在对学生翻译能力的培养与提高上，因为翻译教学的最终目的就是为社会输送高素质的应用型翻译人才。翻译严格来说分为笔译和口译，因此本章具体从这两个层面进行分析，首先了解笔译和口译的要素构成和过程，探求翻译规律，在此基础上重点介绍翻译能力的培养措施。本章分为翻译能力培养的现状、翻译人才笔译能力培养策略、翻译人才口译能力培养策略三部分。

第一节　翻译能力培养的现状

一、翻译能力存在的主要问题

　　根据 PACTE 翻译能力模型，通过翻译测试和问卷调查，对大学生的翻译能力进行分析，并从中总结出大学生的翻译能力存在如下问题。

（一）双语知识转换能力不足

　　根据 PACTE 翻译能力模型，双语子能力主要是两种语言沟通所需要的知识，它包括双语语用知识、社会语言学知识、语篇知识、语法知识和词汇知识。一般而言，在翻译测试中，学生的双语子能力问题主要体现在语篇知识、语法知识方面。语篇知识错误主要体现在语序错误、未按照中文意群进行断句，语法知识错误体现在中英文句法转换错误方面。

　　1. 语序错误

　　学者王春霞提出："不同维度的因素，包括生活环境、历史、文化、习俗、生活方式，造就了各异的思维特性、民族性以及思维倾向，从而语言形式也会有所差异"。其表现之一就在于英汉语序的不同。比如，在复合句中，英语习惯将重点信息前置，汉语则习惯将重点信息后置，因此翻译时需要特别注意语序的转换。

（1）时间顺序

在英汉两种语言中，时间顺序会在一定程度上影响语序。然而，由于英语中的十六种时态、介词、连词以及关系代词都用来表示时间，而汉语中没有。因此，相对于汉语，英语句子更少受到时序约束，从而语序更加自由。同时，英译汉时也要重新排列语序，按照事情发生的先后顺序来翻译，使译文符合事件实际发生时的时间排序。

在具体的翻译实践中，一些学生往往不会按照事情发展的先后顺序，而是顺应英文语序来翻译。这就破坏了汉语逻辑，还给人一种叙述活动是发生在另外的时间段的误解。

（2）逻辑顺序

英语是形合语言，其丰富的语法成分构造了规范而又不失灵活的行文框架，却也在追求句法规整的同时，欠缺了内部的逻辑性；汉语是意合语言，虽然在句法形态上缺少约束，却通常按照事物发展的逻辑思维，由假设到推论，由原因到结果，逐层推进，环环相扣。学者鲁敬认为："表示因果关系时，汉语中多采用'先因后果'的顺序；英语中的原因既可前置，又可后置，但大多后置。"因此翻译时，我们也应根据句子的逻辑顺序适当改变语序。

根据测试的统计结果，部分学生在逻辑顺序上会出现多次错误，即未按照"先因后果"的中文逻辑进行翻译。

英汉翻译中，有三种常用的逻辑顺序：原因—结果、假设—推论、条件—结果。在具体的翻译实践中，一些学生会犯逻辑错误，原因在于未按照汉语的逻辑顺序来翻译。

首先，在进行翻译时，按照汉语逻辑，理应先因后果，所以不能按照原文自然语序来翻译；其次，把一些复合句割裂为两个句子，即汉译时在两个分句间使用句号，直接摘除原文中主句和从句间的逻辑关系，这就更加能反映出学生在英译汉时缺乏有效的转换思维。

2. 未按照中文意群进行断句

在英语中，为了实现信息传播的高效性，句子通常较长；而汉语中，有时为了表达清楚句子中不同意群的正确含义，就需要进行断句。学者王晓航认为："断句指的是在翻译过程中，以适当的意群或概念单位为标准，将英语句子划分为大小不等的语流段。"一般的英语句子，通常分为简单扩展句和长句，根据不同的句型，需要采用不同的断句方法。

（1）简单扩展句的断句

在英语中，简单句只包含一个主谓结构。然而，在实际的翻译过程中，简单句通常要加入适当的介词短语、不定式结构或分词短语，进行一定程度的信息扩展，从而形成简单扩展句。对于这类句子，断句要首选介词、不定式和分词。

根据测试的统计结果，部分学生在简单扩展句的断句问题上出现多次错误，即未进行断句。

在简单扩展句中，分词短语往往充当状语、定语。在具体的翻译实践中，一些学生对句子本身包含的意群缺乏明确的认知，依据就是有很多译文未进行意群判断，结果就是没有断句，与汉语逻辑背道而驰，从而使得译文读起来过于晦涩，重点不够突出。

（2）长句的断句

学者王述文在《综合英汉翻译教程》一书中指出，英语句子之所以较长，原因有三：其一，修饰语后置；其二，联合成分多；其三，句法结构复杂。学者刘逾庆称长句的断句为切断法。所谓"切断"，就是当英语句子较长、层次较多时，在句子并列处、转折处、主谓连接处断开，或者按照英文意群进行中文断句的方法。这类方法常被使用。

根据测试的统计结果，一些学生在长句的断句问题上出现多次错误，错误类型与简单扩展句稍有不同，因为这些学生虽然进行了断句，但断句的方法不对。

在具体的翻译实践中，英文长句的断句之所以不合理，原因也是汉语意群划分错误。学生按照自己的断句方式，往往会偏离句子原意。

3. 中英文句法转换错误

转换是一种很重要的汉译技巧，是防止译文出现"翻译腔"的主要手段。因为中西方信仰不同，思维模式和表达模式也不同，所以英译汉时，有必要进行句式转换。这里主要针对主语从句的转换进行分析。

主语从句中通常会用到无灵主语，即使用没有生命的事物充当句子主语，如物品、时间、地点等，体现出英美人所强调的客观思维。而中国人追求"天人合一""以人为本"，这一点反映到语言中，即句子的主语通常是发出动作的人。因此，汉译时需注意主语成分的转换。

根据测试的统计结果，在翻译英语句子时，学生在主语从句转换问题上出现多次错误，错误在于未能进行从英文主语从句的无灵主语到有灵主语的转换。

在具体的翻译实践中，主语转换错误的主要原因就是没有完成中英文逻辑的良好转换。因为在翻译一些英语句子时，如果按照原文逻辑原原本本地进行翻译，容易造成句子成分的缺失，这种情况属于语法错误，很容易使得翻译出来的句子语义不完整。然而，通过调查可以发现，部分学生在汉译英时都会犯此类错误，这说明学生的中英文转化意识和能力亟需提升。

（二）英语文化知识缺失

语言能力是一种关于世界和特定领域的陈述性知识，其内容由三类知识组成，即关于源文化和目标文化的知识、百科全书知识（关于世界的一般知识）和学科知识（关于特殊领域的知识）。测试结果显示，学生的语言文化能力也存在问题，主要存在于源文化和目标文化以及学科知识方面。其表现为：学生在翻译各类专有名称时缺乏背景文化的支撑，译文缺乏统一性和规范性；翻译专业术语时，也未运用相应的英语学科知识，导致译文与语境不契合。

在英语翻译中，目的性、连贯性和忠实性是必须遵循的翻译原则。在某些情况下，会绝对强调忠实性原则，如翻译各类名称，如各种人名、地名等。因为如果这类词汇出现五花八门的翻译版本，不但会造成读者的误解，也会影响语言的权威性和真实性。

1. 姓名翻译错误

在翻译各类名称的过程中，除了在流传过程中已经成型的非官方、却得到大众普遍认可的翻译，其余的姓名翻译需要符合"名从主籍"。"名从主籍"是各国翻译和转写外国人名时的基本原则。

翻译人名时一般采用音译法，这就要求应以各自所在国家的官方或通用语言的标准发音为准。比如，"Michael Jordan"为美国本土球员，理应以英语发音为准，翻译成"迈克尔·乔丹"。但如果有球员来自德国，其名字"Michael"一词的德语与英语拼写相同，然而读音与英语不同，通常音译为"米歇尔"或"米切尔"。而在翻译测试中，往往没有专门的词典做参考，这就需要学生课下多多积累相关背景知识，方便英译汉时对号入座。

一些学生翻译姓氏时，没有按照美式音标的标准，而是直接将代表姓氏的单词含义翻译出来。在具体语境中，这些学生依然将此类词汇作为普通名词来看待，而非美国人的常用姓氏，体现出欧美文化常识的缺失。

2. 术语翻译错误

英语中存在许多专业词汇。而且，随着经济全球化的不断深入，许多英语词汇已成为一种正式的术语流传开来。英语翻译要依据相应的项目特色，最大限度地实现对等原则，运用专业术语提升准确度。这要求译者熟悉一些术语的固定搭配，尽量做到专业知识的统一，从而减少理解偏差。比如，乒乓球专业术语中的"dropshot"对应中文"吊球"，"fall"对应"发球落网"。同时，即便是汉语意思相同的术语，根据项目的不同，其英文形式也有差别。比如，羽毛球项目中"扣球"一词对应的是"smash"，而篮球项目中的"扣球"则是"dunk"。

根据测试的统计结果，在翻译英语句子时，一些学生出现多次术语翻译错误，而错误的点在于学生遇到专业术语时，直接把词汇的常用释义代入了译文，而没有发挥出英语专业术语在此处对相应项目的解释说明作用。

综上所述，根据学生译文中姓名翻译错误、术语翻译错误两类高频错误，说明学生的西方文化知识（源文化知识）和英语学科知识方面有所欠缺。

（三）翻译技巧使用错误

1. 未进行适当增词和减词

相关翻译实践结果证明，学生如果长期缺乏对翻译技巧的认知，会对译文完整度有很大影响。比如，增词法和减词法都是翻译过程中常用的翻译技巧，但一些学生由于未系统学习过翻译技巧，所以错误率很高。

（1）增词法

增词法，又名增词译法。学者郭著章、李庆生在《英汉互译实用教程》中提到："为了使译文忠于原文的意思与风格，同时也为了使译文符合中文表达习惯，必须在译文中增加一些词语，这就叫增词译法。"也就是说，在翻译英语语篇时，为了更加全面地传达原文信息，有时可以适当增加词汇，从而既保证忠实原文，又有利于读者阅读。

在翻译实践中，一些学生往往不会将增译的对象补译出来，从而容易造成信息缺失。

（2）减词法

在英语新闻中，常出现一些虚词，只起到语法作用。如冠词、代词、部分连词，在做英译汉时这类虚词通常没有意义。减词指的是一些在英文句子中不可或缺，在汉语句子中则显得画蛇添足的词语，因此英译汉时可酌情略去。适当减词可避免译文过于冗长，从而增强简洁性。

首先，英译汉时，一些英语句子中的人称代词和物主代词通常不符合汉语表达习惯，所以一般省略；其次，一些句子中的冠词"a"只在英文原文中有语法功能，在汉语中则没有实际意义，所以也需要省略。而一些学生出现错误就在于没有省略应该省略的虚词。

2. 未使用偏正结构的主谓译法

偏正结构由两部分组成：修饰语和中心语。并且在汉语和英语中，都存在"定语＋中心语"或"状语＋中心语"的偏正结构。关于偏正结构的译法，有学者提出："在无法做到词性百分百对等、无法按源语言词性进行翻译时，可采取主谓转换、偏正结构转换或词性转换等方法，从而更加贴合汉语表达习惯。"

在英译汉中，有时需要把英文的偏正结构转译为汉语的主谓结构，而部分学生在此种情况下却未使用偏正结构的主谓译法，从而导致错误出现。

（四）翻译策略使用错误

策略子能力主要是保证翻译过程的效率和解决翻译过程中遇到的问题，是一种程序性知识。这是一种重要的子能力，因为它控制着翻译过程，影响着其他所有的子能力。在翻译文本时，这种子能力反映学生的翻译方法和策略，这意味着学生应根据要求和实际情况，选择直译、意译，或采用异化、归化策略。

1. 词汇死译

在任何英语类文本中，一词多义和词形变化都是常见的现象。而且，在英语句子中，一些常见词与其他词语组成词组或固定搭配时，意思会产生变化。例如，在系表结构"he is back"中，"back"作为表语，同时也作为形容词，意思是"回归、回家"，但是在"my back turned towards the sun"中，由于"my"是形容词性物主代词，后面必须加名词，所以在此"back"必须翻译成名词"后背"。在英语文本中，多义词的释义选择更具有灵活性和迷惑性，翻译时需多加注意，要根据语境灵活选择释义。

根据测试的统计结果，在翻译英语句子时，一些学生在面对多义词时，未选择出最符合语境的释义。学生出现此类错误，原因就在于选择词义时，只选择常用的释义，而没有结合语境选择最恰当的释义，因而导致译文错误。

此外，一些学生直接把已学到的英语知识套用到不适合的语境中，从而出现多义词词义选择错误的问题。

2. 词汇理解偏差

英语文本中的口语体通常来自日常人们说的原话，其用词通常简单、通俗。这里主要对口语体中的小词问题进行具体分析。

小词也被称作"万能词"，是口语体中搭配最为灵活、最常被使用到的词汇。

由于小词在不同语境中的具体意思不同，所以容易给读者造成理解障碍。因此译者应该结合语境将译文意译为更具有针对性的意思，化抽象为具体，让读者理解原文想要表达的深层含义。

根据测试的统计结果，在翻译英语句子时，一些学生对小词的翻译没有做到功能性与忠实性的平衡。这些学生在小词上犯错的原因是只译出了小词的字面意思，扭曲了作者的原意，从而使译文传达了错误的信息。

此外，在翻译英语句子时，一些学生因为过于注重译文的功能性，缺少了对于原文的忠实性。这类译文本身虽然通顺，却依然不合格，原因就在于扭曲了原文的本意。

（五）使用单一的翻译工具

工具子能力指的是指翻译过程中熟练使用纸质文献资料和电子通信技术的能力。换言之，学生翻译时需要具备使用各种字典、百科全书、语法书、平行文本、电子语料库、搜索引擎等辅助性翻译工具的综合能力，以便更好地完成翻译。

根据问卷调查结果，参与翻译测试的所有学生在翻译时都愿意通过不同渠道、使用不同工具查阅相关资料。其中，搜索引擎是最常被使用的工具（占比70.87%）。第二常用的工具是字典和平行文本（分别占比10.42%和9.86%），第三常用的是语法书（占比8.17%），第四常用的是百科全书（占比2.62%）。从以上数据可以得出，学生的工具子能力存在以下特点。

第一，学生具备一定的翻译工具子能力。根据问卷结果，面对翻译任务时，虽然使用的工具各不相同，但所有学生都愿意借助翻译工具来完成任务。其中，大多数学生选择通过互联网资源查找一些翻译相关知识；还有一些学生选择查字典、翻阅平行文本；很少一部分学生选择百科全书和语法书来辅助翻译。因此，可以了解到，网络渠道是最受学生欢迎的知识获取方式。

第二，学生对翻译工具的使用呈现单一化趋势。在问卷调查中，有超过一半的学生表示首选网络作为翻译工具。互联网资源丰富，但质量参差不齐，且来源不清，学生如果缺乏判断力，则会导致选用错误信息，从而出现错误的翻译。相比于网络资源，学生对传统纸质工具利用率明显偏低。字典、书籍虽然缺乏便利性，但其中的知识都已经过反复考证，因此更具备权威性和严谨性。总之，学生要学会使用不同的工具，做到网络检索与纸质资料相结合，这样才能更好地保证翻译的质量。

（六）心理—生理因素方面

心理—生理因素指的是翻译过程中不同类型的认知成分、态度成分以及一个人的动机、创造力、逻辑推理、分析和综合等因素对翻译结果的影响。具体来讲，可以从学生的学习动机和自我认知两个方面分析得出学生在心理—生理因素方面存在的不足。

1. 动机不足

动机是学生特征中唯一可变化、可控制的主观因素。总体而言，大部分学生对翻译学习有兴趣，但并不强烈，所以兴趣暂无法成为学生学习翻译的强大驱动力。但是，由于学习动机可变、可控，可以通过具体的教学手段，潜移默化地对学生的内在动力进行激发。

2. 自信不足

从调查结果中可以得知，大多数学生认为自己掌握翻译有困难。还有一小部分学生认为自己的英语基础勉强可以进行翻译训练，有超过一半的学生认为自己的英语基础不够进行翻译训练。因此可以得出，大部分学生对自己的翻译能力缺乏自信。

二、翻译能力存在问题的原因分析

（一）翻译学习目标不明确

学习目标是学习的出发点，也是学习的归宿。确立具体明确的翻译学习目标是每位学生进行翻译学习的首要任务。目标越明确、越切合自己的实际情况，每一次努力越能够获得成功。

目标的模糊不利于教师教学工作的开展，学生不了解翻译学习的要求，就会导致在翻译课堂上学习的盲目性。翻译学习目标的盲目性是导致学生翻译能力欠缺的原因之一。

（二）翻译教学内容不全面

翻译练习的倾向性是很明显的，文学领域的翻译练习是相对较多的，而在工业领域的练习是相对较少的。翻译练习对文学的偏爱是教学内容选择的结果，文学翻译涉及很多文化上的知识，有进行翻译练习的必要性，但是还要重视在工业领域的练习。

此外，通过询问学生翻译学习的动力，可以发现出于就业需要的学生是相对较多的，其他学生则是出于能够接触到不同的领域，了解到更多的知识或者因为本身对翻译学习感兴趣，只有极少数学生是出于工作待遇丰厚。所以在进行翻译练习时可以依据学生的爱好和需求，灵活地进行教学内容的选择。

第二节　翻译人才笔译能力培养策略

一、笔译能力构成要素及互动关系

（一）笔译能力构成要素

测试构念指通过考试可以评测的能力，包括双语交际能力、翻译知识、相关专业知识与百科知识、翻译策略能力、工具使用与研究能力五个子维度能力。同时，译者应充分理解翻译任务情境的各项参数。

1. 双语交际能力

双语交际能力是指译者能够准确识别英汉语言在词汇语法知识、体裁知识、文本知识、语用知识方面的异同，运用跨文化能力，实现汉语和英语的文本转换。译者的双语交际能力主要包括对原文的充分理解、双语的文本转换以及对译文的表达三个阶段。

译者通过调用翻译策略能力，将已经理解的源语文本信息与目的语文本信息相关联，基于等值关系将源语文本转换成目的语文本。文本知识是译者实现源语文本与目的语文本转换的核心。译者能够明确源语文本和目的语文本的语言结构、叙述结构和文本功能，准确识别记叙性文本、说明性文本、论述性文本、知识性文本、社交性文本、图表性文本等文本类型的特征，运用衔接与连贯的手段，结合修辞模式和对比修辞知识，实现翻译任务的语言层面上的转换。

2. 翻译知识

翻译知识主要是译者应掌握的与翻译概念和翻译行业相关的陈述性知识。翻译知识涵盖翻译的性质、目的、规范、问题，翻译理论、框架、模型，翻译规范和任务要求以及相应的翻译过程、方法、程序、技能及策略运用，翻译评价标准、方法和过程，翻译质量保障的方法、过程和程序以及译者行业规范和职业操守。

3. 相关专业知识与百科知识

相关专业知识与百科知识考查的是译者所具备的关于常识和专业学科外在的陈述性知识，由社会文化知识、专业知识和跨文化知识构成，是译者知识结构的重要组成部分。译者能够运用其掌握的社会文化知识，识别文本所涉及的不同地区或国家社会群体的信仰和价值观，准确把握源语和目的语文本产生的社会文化语境。专业知识是指译者应具备某一相关学科或某一领域的知识，专业知识是译者进行翻译实践的知识基础。跨文化知识是指译者应该掌握源语和目的语文化的知识和常识，这将有利于译者理解跨文化语境中源语的行为取向，从而实现目的语文本的行为转换。

4. 翻译策略能力

翻译策略能力是指译者在根据翻译任务而采取的整体计划或方法。具体而言，翻译策略关涉四个维度的基本任务：一是明确翻译目的，此任务体现翻译策略的总体性和全局性；二是确定所译文本，此任务体现翻译策略的文本性和情境性；三是辨识翻译问题，此任务体现翻译策略的变化性和敏锐性；四是制定具体的执行方案，此任务体现翻译策略的细节性和操作性。上述四个基本任务相辅相成、互为作用，贯穿翻译活动的全过程。

5. 工具使用与研究能力

工具使用与研究能力要求译者能够应对和解决由于知识、信息、术语或语言能力的欠缺所带来的翻译问题，是保障翻译质量的外在条件。译者应该具备对译稿进行排版、校对以及审核的能力，能够生成美观、便于阅读的目的语文本。

6. 翻译任务情境

翻译任务情境是指一个特定翻译任务所处的具体情境。该情境具有社会文化、社会认知、社会修辞和社会心理等维度。翻译任务参数包括特定翻译任务的目的和要求、文本类型与体裁、主题与专业、源文意图与读者期待和工作条件等。译者只有充分理解翻译任务参数的各项，才能够有效完成翻译任务。翻译任务情境激发译者运用策略能力，并调动诸多翻译资源，保证翻译任务的完成。

（二）笔译能力构成要素的互动关系

翻译能力的基础是双语交际能力，自然观翻译流派认为双语者是自然的译者，翻译能力是双语能力的衍生物。大多数翻译能力理论都包括语言能力（或双语能力），有的理论将其与语言应用能力分开，有的理论包括语言应用能力。使用"双语交际能力"作为术语是为了表明把语言看作交际行为的语言观，即包括双语知识和交际能力（运用语言知识的能力）。

翻译能力的核心是翻译策略能力，它是特定翻译任务情境下的元认知策略能力。翻译策略是完成翻译任务和保证翻译整体质量的关键因素。

在翻译策略能力的调动下，各个分项能力也相互影响：双语交际能力与社会文化知识是相辅相成、密不可分的，这是由语言和文化之间相互依赖、相互影响的关系决定的，双语交际能力与社会文化知识共同构成翻译能力的基础。良好的双语交际能力和丰富的社会文化知识有助于对源语文本的理解和译文的表达，然而，优秀的译者也会存在语言交际和社会文化知识方面的盲点，这就需要工具使用与研究能力的支持和补充。翻译知识对于其他分项能力起到规范和约束的作用。译者对于翻译理论、技巧、规范和程序的了解有助于形成满足目标读者的期待并符合目的语文本规范的译文。翻译活动是一种动态活动，它是处于动态的翻译任务情境之下的，这就需要译者具有应对特定翻译任务情境的能力。

双语交际能力、翻译知识、相关专业知识与百科知识、翻译策略能力、工具使用与研究能力协同运行，可有效地完成跨文化语际中介活动，其中翻译策略能力是整体语言文化信息转换的核心要素。译者要灵活运用翻译策略能力，有效发挥主观能动性，完成翻译任务。

二、笔译能力的培养策略

（一）提升学生素养

随着社会经济的发展，企业对人才的要求越来越专业化和多样化。对此，高校根据企业要求在人才培养过程中有针对性地对翻译人才进行培养，有的放矢的人才培养模式越来越受到高校的重视。高校教育紧扣"培养什么人、怎样培养人、为谁培养人"的根本问题，确定培养目标，制定科学、合理的培养方案，将学生打造成社会需要、国家需要的栋梁之材。

译者素养是用人单位的择优标准之一。译者素养主要表现为译者根据翻译情境和目的建构翻译的自主性、灵活性和创造性，是译者形成专家能力和可持续发展能力的标志，译者素养应是翻译人才培养的终极目标指向。具体包括学生的语言素养、知识素养、策略素养、数字素养、批判素养和社会素养。其中，语言素养指对语言资源与意义系统的体现关系的内部表征，表现为基于不同语言交际情境解释、协商、构建、表达知识和经验的自主意识及其实践。知识素养指对认知结构与外部世界的建构关系的内部表征，表现为获取、类化、加工、重构、应用和管理不同知识的自主意识及其实践。策略素养指对翻译问题与可选方案适配关系的内部表征，表现为识别劣构问题、设计解决方案、拓展问题求解空间的自主意识及其实践。数字素养指对数字技术与翻译过程的价值关系的内部表征，表现为运用数字技术检索、甄别、归纳、应用、创造和交流信息的自主意识及其实践。批判素养指对自有知识与外部知识的一致关系的内部表征，表现为基于已有知识和经验阐释、判断、评价信息、观点、决策、译品的自主意识及其实践。社会素养指对自我身份与社会网络的协同关系的内部表征，表现为在翻译环境下就自我定位、项目管理、协作学习、职业规范、社会责任等形成的自主意识及其实践。

由此可见，译者素养将译者的所有知识储备量、解决问题的能力，以及随之衍生出的其他素养都包括在内，为高校翻译人才培养和翻译人才未来的发展指明方向。纵观译者素养研究，企业主要对语言素养、文化素养、翻译能力以及创新精神四方面有较高要求。

1. 构建译者翻译素养基本标准

高校和社会两个环境存在着人才输出与接纳的关系，现在，两者越来越意识到人才全面发展的重要性。较高的译者素养是翻译人才全面发展的体现，培养优秀的翻译人才有赖于教师教学和人才培养的每一步程序，同时也在于学生的自强不息、艰苦奋斗、热爱学习等优秀品质。

（1）"四有"与综合素养

"四有"即"有理想、有道德、有文化、有纪律"，是国家对公民的基本要求，也是提高整个中华民族的思想道德素质和科学文化素质的基本内容。世界上任何一个民族、任何一个国家的人民都有自己的素质和价值观。这种价值导向的好坏，决定着一个民族、一个国家的进步方向。因此，要实现社会主义现代化，实现科学的快速稳定发展，实现伟大的中国梦，就要培养一代有理想、有道德、有文化、有纪律的青年人才，推进社会进步，推动科学发展。作为新时代的翻译人才，亦应当具备"四有"素养，做有理想、有道德、有文化、有纪律的合格译者。

（2）语言基础与能力

语言能力是译者的基本素养，不论母语还是目的语。母语是一个人的文化根基，译者的母语水平越高，其第二语言的水平也往往容易提高。译者只有掌握扎实的语言功底，充分认识两种不同语言的差异，才能准确对目的语进行理解与翻译。作为一名合格的译者，一定是语言先行，在不同的语言交际环境中，应具有理解源语、转换两语、目的语构建、目的语表达的实践能力。

译者应当在平时的翻译实践中提高英汉两语的语言修养，加强文化学习，阅读双语对照的经典著作，规范地使用母语与目的语，努力提高母语水平与英语水平。

（3）传译能力与双文化

译者的传译能力及对双文化的认识对翻译质量具有一定影响。译者在翻译过程中，能否对翻译问题采取合适的翻译技巧、翻译策略，取决于译者是否有丰富的翻译经验，以及双语的文化积累。

语言能力是翻译实践的基础，文化积累亦是如此。译者具有两语能力，但若没有一定的文化积累，翻译活动就不能长久地进行下去；没有文化积淀，就无法正确理解源语所要表达的潜在意义，也就无法正确地将源语文化内涵成功转换成目的语。译者要认识到文化知识的重要性，认真学习英语和汉语文化知识，有效提高传译能力。

（4）学习与创新意识

面对日新月异、变幻莫测的社会，新学科、新技术、新理念不断涌现，这也考验着每一位译者的学习能力。只要有新事物的产生，人类就要不断学习。

新事物的产生，同样意味着创新能力的提高。"创新"一词是 21 世纪最重要的标签之一，也是国家对人才的希望所在。培养英汉翻译人才的创新精神，主要在于培养英汉翻译人才的创新性思维、批判性思维、研究能力、学习能力、解决问题的能力以及应变能力等。

除此之外，想象力与分析力也是译者需要具备的两种能力。这里提到的想象力与分析力主要指通过对有限的翻译现象进行观察，分析背后蕴含的历史意义、语言现象和社会文化的专业能力，也就是将翻译与各个方面的知识联系起来，其中包括社会、文化、历史等方面，进而构建出自身的翻译理论体系与认知能力。

现代科技在不断地进步和发展，市场需求也在不断变化，国家的开放程度更是在不断提高，在这种背景下，译者应当做个"有心人"，坚持学习新知识，与时俱进，守正创新，不断提高自身的能力。积极推进学生学习和创新能力的培养，让学生不断探索和发现新的观点和事物，对翻译学科的进步和发展具有十分重要的意义。

2. 落实译者翻译素养培养形式

上述对译者翻译素养基本标准进行了初步构建，确定了方针和努力的方向，下一步则需要落实译者翻译素养培养形式。从古至今，译者都是沟通的重要桥梁。只有具备良好的素养，译者才能更好地服务于经济全球化背景下的对外文化交流。

译者素养是翻译人才培养的最终目标，这一目标与课程设置、教材选择、培养计划、培养模式密不可分。翻译人才的素养和能力是培养的重点，高校结合用人单位的实际需求，有针对性地设计培养方案，在课程、实践等多方面与市场需求接轨。在设计培养方案时，高校应当从地理位置、市场需求、师资力量等多方面考虑，根据多样化的市场需求灵活调整教学模式，联合当地企业搭建实训平台，提高学生的综合素养。

　　目前，翻译专业毕业生的译者素养，还未达到一名翻译工作者的基本要求，由此看来，英汉翻译专业应当构建英汉语译者素养培养形式。

　　（1）通识课教育

　　通识课教育的目的，是让学生对事物有一定的认识，即价值观教育。高校是价值观建设的重要阵地和渠道，要充分发挥学校人才资源、知识资源、理论资源的特色和优势，将价值观切实融入和贯穿于教育教学全过程。

　　英汉翻译专业除了设置高校普遍设置的思政通识课程外，也要设置中国历史、国学常识等通识课程。作为一名译者，除了具有基本的语言能力与翻译技能，自身的文化积累与价值观取向也很重要。高校有义务与责任培育和督促学生践行价值观。

　　（2）选修课教育

　　翻译专业学生的选修课程设置应当考虑与未来职业的相关性。当前，部分高校多注重于成绩考核，当学生参加实习或步入社会参加工作后，就会发现自身的跨专业知识面窄、交往交际能力差，这不仅影响教学课程设置的有效性，还导致学生萌生"学习无用""专业无用"的错误想法，于是对专业学习失去兴趣，进而影响到人才培养的质量。

　　因此，翻译专业选修课的设置应当注重拓展学生的语言运用能力、交际能力、多学科知识能力，注重实用性，让学生形成跨学科关联的思考能力。选修课程可根据学生的喜好进行自由选择，或设置具有翻译技能拓展、翻译交际拓展的选修内容，以此拓宽学生的知识面，增长其他学科知识，加强交际能力，提高语言与翻译技能。

　　在选修课设置上，设置与学生未来职业走向相关的课程，如旅游管理类、法律类等不同专业领域的跨学科基础知识课程，通过学习选修课程，拓宽学生的知识面，为后续翻译实践奠定基础。

　　（3）翻译实践教育

　　英汉翻译实践课程建设，对于培养新型语言功底扎实、专业素养强的英汉翻译专业学生和发展符合市场需求的优秀英汉翻译人才具有极为重要的意义。但目前高校英汉翻译专业实践课程的设置还存在一些问题，这也是翻译专业实践课程设置存在的普遍问题，如教学内容以翻译技巧为主、实践内容以文学作品翻译为主等，导致学生空有理论，而没有充足的实践经验。

翻译实践课程的设置应当充分利用校园和地方资源，落实翻译实践教育，切实提升译者的英汉翻译水平。在翻译实践课程设置上应当加以重视，积极推进笔译课程，增加真实有效的、不同文体的、具有实际意义的翻译实践内容，如法律文书、项目企划、新型科学技术等。

（二）掌握各种笔译技巧

掌握各种翻译技巧是译者进行正确翻译的重要基础。概括来说，翻译教学中主要涉及以下一些技巧的应用。

1. 直译

直译指的是在合乎译文语言规范的情况下，通过保留原作的表达方式来保持原作的内容和风格。直译属于对等翻译的一种方法，直译时要尽量保持原作的语言形式，包括用词、句子结构、比喻手段等，同时语言要求通俗易懂。英汉翻译的目的是找到中文中等价的单词，用来传播外国文化，从而让中国读者了解。所以当中文中有等效词时，可以直接使用直译的方法。

2. 意译

意译是指根据原文的大意来翻译而不是逐字逐句地翻译。意译是指经过对源语深层蕴意的理解后，将源语的表层结构有机地转化为译入语的表层结构，意在重现源语的含义，真实地传达所含信息。它是一种不拘泥于源语形式的翻译方法。有人认为意译是在无法直译的时候才可以使用的翻译技巧，事实上这种观点是不正确的。意译意味着原文的内容和结构不适合直译和重组，意译的翻译方法更侧重于传播想要表达的意思。

3. 增译

汉语和英语是两种不同的语言，有着不同的思维方式和表达习惯，在进行英译汉时，译者需要增加一些字词或句子来使译文更加准确，并且更加忠实地传达源语的内容和意思。译者在适当时可做出相应的增译，以补充解释词语在具体语境下的含义和目的指向，如此才不会导致读者误解。

增译有很多类型，可分为语法增译和内容增译。语法增译指在英译汉时，为了符合语法要求，可以使用一些连词或介词。内容增译指的是在一些文体中，为了使译文更地道、顺畅而增译出原文暗含的内容。在实践语料中出现的一些中国特色表达则需要进行内容增译，使听众尤其是中国听众更好地理解在当时的语境下，发言人所要表达的含义。

第三节　翻译人才口译能力培养策略

一、优化口译学习模式

在教学实践中，为了有效推动口译能力的培养，可以进一步优化口译学习模式。下面将从 SPOC 口译学习平台、深度翻转学习方式、专业化口译师资三个方面展开讨论。

（一）SPOC 口译学习平台

搭建基于 Moodle 等的个性化、多元化 SPOC 口译学习平台，为优化口译学习模式提供平台保障。近年来，微课、慕课以及 Blackboard、Moodle 等平台得到了广泛应用，口译学习环境发生了重大变化。课内外模拟口译、网络虚拟与仿真场景口译以及校内外的真实口译活动构成了多元、动态的口译学习环境，使得所有学生在任何时间、任何地点可以自主选择学习方式，开展泛在学习。人工智能时代要求职业译员不仅需要具备深厚的专业知识、口译知识，还需要具备职业发展能力。SPOC 学习平台为学生职业化口译能力的培养提供了平台保障。

基于深度翻转的 SPOC 口译学习平台，以深度学习为目标，构建以课堂实训为核心，以课外和校外实践与实训学习为有效支撑的动态、灵活、开放式学习环境。但无论口译学习环境如何变化，促进深度学习始终是其核心目标。

现以口译听辨训练为例，教师提前录制口译听辨技能微课，供学生课前进行翻转学习，课堂进行现场口译听辨训练，课后学生借助网络学习平台进行技能拓展与延伸训练。借助 CNN、BBC、TED 以及各类网络公开课，进行综述、复述以及听后反思等练习，以训练口译听辨技能。通过技能训练和口译专题训练将课堂教学延伸到课外，通过课堂分享和现场展示等方式将课外自主口译学习的内容引入课堂教学活动。

此外，还可以借助校外口译志愿者服务活动，将课堂口译学习延伸到课外，继而拓展到校外，进而提升学生的口译实践能力。

（二）深度翻转学习方式

以深度学习为目标驱动，开展深度翻转学习，以帮助学生提升口译实战能力、思辨能力以及跨文化问题解决能力。

借助深度翻转学习提升学生口译能力、创新能力与终身学习能力，最终实现口译教育目标。深度翻转学习理念倡导以深度学习为核心驱动力，借助 SPOC 学习平台，开展深度翻转学习。学生课前借助 SPOC 平台开展自主学习，提前学习相关专题知识与口译技能，课堂开展小组交互式学习，小组之间进行分享、交流，开展各类小组合作口译活动，课后开展团队合作，主要以模拟口译以及专题口译的形式开展团队活动。各类学习资料分享以及成果呈现都借助 SPOC 学习平台。SPOC 作为在线学习场所以及线下学习成果的展示平台发挥多重功能。

现以交互式传译的译前准备为例。学生需要合作完成相关口译专题的交互式传译任务。学生进行组内分工并做译前准备。部分成员负责资料的收集、整理、筛选、整合、归类、总结等，其他成员负责口译术语表制定、PPT 制作汇报、发言以及现场口译。在译前准备过程中，教师发挥脚手架式的引导和辅助作用。师生之间随时、随地进行线上与线下交流与沟通。教师不做任何诊断式评价，在不打击学生积极性与创造力的前提下，必要时提供建议或帮助。随后进行模拟交互式传译并进行视频录像，将学习成果提交 Moodle、微信学习群等 SPOC 学习平台，分享成果并交流经验。

深度翻转学习的实施在很大程度上有赖于口译教师的专业化水平和职业素养。专业化口译教育者不仅具备口译专业知识和能力，而且具备教育学、心理学、认知科学与学习科学等相关跨界知识。在具备这些专业化能力的基础上，专业化口译教育者更懂得尊重教育规律和人的认知发展规律，更关注学习过程。

（三）专业化口译师资

在借鉴整合技术的学科教学知识（TPACK）框架和卢信朝教师提出的 Practeasearcher 三栖型口译教师的基础上，构建关注学习过程的专业口译教育者知识与能力框架。依照 TPACK 框架，信息化时代的教师在能力与知识结构上要体现专业领域知识、教学法和现代教育技术的有机结合。鉴于此，相关学者提出了专业化口译师资能力框架。

专业化口译教育者应具备专业口译知识与能力，即口译实践能力、口译研究能力、口译教学能力以及现代信息技术等跨界能力。除此之外，专业化口译教育

者还应与时俱进，不断更新专业知识，并开展终身学习。换言之，专业化口译教育者不仅懂得如何教，更应懂得如何最大限度帮助学生学会学习。

随着现代技术的高速发展，教师在知识占有方面已逐渐失去权威性。面对触手可及的海量信息，教师不能再继续做信息的"搬运工"，而应做信息的优选者、识别者与创造者。教师应具备信息筛选、处理、分辨以及信息整合与创造的能力。更重要的是，教师需要具有信息化能力，还应教会学生这些能力。当然，培养信息化能力的前提是教师与学生具备终身学习的能力，唯有如此，才能实现可持续发展。

二、掌握各种口译技巧

（一）听解技巧

听解是口译训练的重要步骤，因此译员必须掌握良好的听解技巧。具体来说要注意以下几个方面。

第一，全神贯注地听。口译中的"听"不是普通意义上的"听"，它是口译中一切信息的来源渠道并且只有一次听的机会，因此译员不仅要聚精会神地听，还要积极地听。

第二，克服口音障碍。译员要注意不断总结经验，摸索出不同口音的规律，掌握其特点，利用口音的"原形"来推测它在具体语境中的意思。此外，译员还要多与同行交流经验，多与讲不同方言的人亲自交谈，多听不同国家和地区的英语广播，从而更快地熟悉各种口音和方言。

（二）记忆技巧

1.影子训练

影子训练也就是所谓的"跟读训练"，它是指用适合口译速度的英文语音材料，同步地重复讲话者所说的内容，并保证语音、语调尽可能同步。简单来说，影子训练是指一边听录音一边用源语或译入语进行跟读的练习方法。

2.逻辑整理练习

逻辑整理练习是指教师给学生一些缺乏语篇连贯性或语言次序颠倒的材料，要求学生听过后按正常语篇的要求，梳理成一段主题明确、语义连贯的发言。这种练习可以提升学生对零散信息的记忆能力和逻辑拼接能力。

参 考 文 献

[1] 李红丽 . 翻译意识培养与翻译教学研究 [M]. 太原：山西人民出版社，2013.

[2] 康春杰，陈萌，吕春敏 . 基于错误分析理论的英语翻译教学研究 [M]. 长春：吉林文史出版社，2016.

[3] 罗琼 . 翻译教学与研究初探 [M]. 西安：西安交通大学出版社，2017.

[4] 张晶，张建利，刘英杰 . 英语教学改革与翻译实践研究 [M]. 长春：吉林美术出版社，2017.

[5] 孙乃荣 . 融合与创新：翻译教学与研究 [M]. 天津：南开大学出版社，2017.

[6] 陈雪松，李艳梅，刘清明 . 英语文学翻译教学与文化差异处理研究 [M]. 西安：西安交通大学出版社，2017.

[7] 牛蕊 . 能力本位视角下高校学生翻译能力培养实践 [M]. 成都：电子科技大学出版社，2018.

[8] 周兴华 . 翻译教学的创新性与前瞻性体系研究 [M]. 长沙：湖南师范大学出版社，2018.

[9] 武光军 . 翻译教学中的学习者因素研究 [M]. 上海：上海交通大学出版社，2018.

[10] 梁颖 . 阅读、写作、翻译相结合的文学翻译教学 [M]. 汕头：汕头大学出版社，2019.

[11] 张雨晴 . 文化翻译观视域下的翻译教学研究 [M]. 长春：吉林大学出版社，2020.

[12] 陈定刚 . 新媒体时代翻译教学研究 [M]. 沈阳：辽宁大学出版社，2019.

[13] 魏婉 . 生态翻译视角下文学翻译教学研究 [M]. 长春：吉林人民出版社，2021.

[14] 黄丹丹，王娟 . 翻译能力的构成以及培养研究 [M]. 西安：西北工业大学出版社，2020.

［15］ 王文臣.试论大学英语翻译教学与翻译能力的培养[J].经贸实践,2015(12): 195-196.

［16］ 刘维佳.基于翻译能力培养目标的大学英语教学策略探索[J].济源职业技术学院学报，2017，16（04）：107-110.

［17］ 颜源.大学英语翻译教学与翻译能力培养[J].集宁师范学院学报，2017，39（05）：95-98.

［18］ 施路凝.从翻译能力的培养谈对翻译教学的思考[J].科技视界,2018（32）：174-175.

［19］ 潘晓迪.大学英语翻译教学中学生翻译能力培养研究[J].当代教育实践与教学研究，2019（24）：231-232.

［20］ 冉茂杨.英语教学中翻译能力培养与文化疏导方法分析[J].海外英语，2019（03）：94-95.

［21］ 姚曼.基于翻译能力培养的大学英语翻译教学策略浅析[J].科教文汇（中旬刊），2020（12）：179-180.

［22］ 顾维芳.大学英语翻译教学中提高学生英语应用能力的措施[J].英语广场，2020（34）：87-89.